# LE DHARMA ET LA VIE

« *Spiritualités vivantes* »

LAMA DENIS TEUNDROUP

# LE DHARMA ET LA VIE

*Entretiens avec*
*Philippe Kerforne*

Albin Michel

Albin Michel
▪ *Spiritualités* ▪

*Collections dirigées*
*par Jean Mouttapa et Marc de Smedt*

*Première édition*



*Nouvelle édition*


22, rue Huyghens, 75014 Paris

ISBN : 2-226-06599-7
ISSN : 1147-3762

# INTRODUCTION

Vajracarya Lama Denis Teundroup (Denis Eysseric-François) est né à Paris en 1949. Il y fit sa scolarité dans différentes institutions publiques et privées puis entreprit des études de médecine et, en parallèle, de philosophie et de psychologie.

Il découvre la pensée traditionnelle de l'Orient, et c'est en recherche d'enseignements authentiques lors d'un voyage en Inde en 1968, qu'il rencontre Sa Sainteté Kyabdjé Kalou Rinpoche (1904-1989), un des plus grands maîtres contemporains du bouddhisme *mahāyāna* et *vajrayāna*. Il s'engage dans le *dharma* auprès de lui, devient son disciple, et de retour à Paris commence à étudier le tibétain à l'Ecole nationale des langues orientales vivantes.

Peu de temps après il rencontre en Ecosse le Vidyadhara Chögyam Trungpa Rinpoche (1940-1987), largement célèbre pour son introduction du *dharma* en une présentation adaptée à l'Occident, et établit avec lui une profonde connexion spirituelle.

L'année suivante, il quitte la France et rejoint le monastère de Kyabdjé Kalou Rinpoche, près de Darjeeling, dans les contreforts de l'Himalaya indien. Sous sa direction personnelle il va suivre, pendant plusieurs années, une formation traditionnelle théorique et pratique. Il fait de nombreuses retraites, étudie les textes tibétains et particulièrement reçoit directement de Kyabdjé Kalou Rinpoche les directives spéciales de la pratique du *mahāmudrā*.

Dans un esprit « Rimé », « d'ouverture à toutes les traditions », il reçoit les plus importantes initiations, transmissions, et instructions, tant de Kyabdjé Kalou Rinpoche, que de Sa Sainteté le Karmapa XVI (1921-1981) et de plusieurs des plus grands maîtres des différentes écoles du bouddhisme tibétain.

Pendant cette période, il assure son séjour en Inde en passant à la Visva Bharati University de Santiniketan un diplôme d'études indo-tibétaines.

Lama Denis, devenu l'interprète personnel de K. Kalou Rinpoche, l'accompagne dans ses premiers voyages en Occident et participe à l'implantation de centres du *dharma* qui commencent à y naître. Particulièrement en 1976, il contribue activement à la création du premier centre en Occident pour la retraite de trois ans des lamas. Il y fait cette retraite et, à sa sortie, K. Kalou Rinpoche lui confie la responsabilité de fonder en Savoie un centre du *dharma* dans une ancienne chartreuse désaffectée qui, restaurée, deviendra l'Institut Karma-Ling. Rapidement s'y développent une structure de pratique et d'études du *dharma,* une communauté résidante, des possibilités d'accueil, et des centres pour la retraite de trois ans.

En 1984, Kyabdjé Kalou Rinpoche désigne Lama Denis Teundroup « *vajracarya* » c'est-à-dire « maître du *vajrayāna* », il l'investit ainsi formellement du pouvoir d'enseigner et de transmettre le *vajrayāna* et sa lignée Champa en particulier. L'année suivante, commence à Karma-Ling la première retraite de trois ans dirigée par un occidental. Depuis sa sortie en 1988, plusieurs des nouveaux lamas qui y ont été formés résident à l'Institut et contribuent à son essor, un comité pour la traduction des textes traditionnels tibétains et un collège d'études ont commencé à se développer. En 1989, une nouvelle retraite de trois ans a commencé.

L'Institut Karma-Ling[1] est aujourd'hui un important centre européen du *dharma*. Les activités de méditations, d'enseignements et de retraites constituent le cœur de ses activités, et toute l'année, il accueille bouddhistes et non-bouddhistes pour des programmes de week-ends ou pendant des périodes de congés. C'est aussi, de par la vocation que lui ont inspirée Kyabdjé Kalou Rinpoche et Lama Denis Teundroup, un lieu d'ouverture, de rencontre, et de convergence entre l'Orient et l'Occident : chaque année s'y tiennent des séminaires de recherche, des rencontres interreligieuses et des colloques transdisciplinaires, qui établissent

1. Pour plus d'information et pour tout renseignement, il est possible de contacter l'adresse de l'Institut.

INSTITUT KARMA-LING
F-73110, Arvillard. (SAVOIE)
Tél. : 79 65 64 62

des ponts entre différentes traditions, le *dharma* et les sciences contemporaines.

Lama Denis Teundroup enseigne aussi en France et à l'étranger. Des centres d'étude et de méditation rattachés à l'Institut Karma-Ling se sont ainsi développés dans plusieurs grandes villes.

CHAPITRE 1

# SOUFFRANCE, PLAISIR ET BONHEUR

*Lama Denis, avant de chercher à comprendre ce qu'est une voie spirituelle, une première question s'impose : quelle est véritablement l'utilité d'effectuer un travail sur soi-même, et de suivre une recherche intérieure ?*

Nous sommes tous, au cours de notre vie, confrontés à des problèmes, des interrogations et des insatisfactions. Nous sommes exposés à la souffrance sous des formes variées. Cependant, cette situation n'est pas inexorable : nous pouvons, si nous le voulons, travailler sur nous-même et notre situation pour atteindre un état de plus grande liberté et de bien-être. Le cheminement spirituel du Bouddha propose un parcours vers la plénitude intérieure : un état de paix, de liberté et de bonheur. Celui-ci ne peut se réaliser que par la transformation de nous-même, qui permet à son tour celle du monde qui nous entoure. C'est le sens de toute recherche intérieure.

*En général, quelle devrait être notre attitude face aux questions fondamentales de l'existence ?*

Qui que nous soyons, nous sommes confrontés à toutes sortes d'interrogations : « Qu'est-ce que la vie, la mort, la réalité au-delà, qui suis-je ? Un cheminement est-il possible ou non ? » et à bien d'autres encore. Ces questions accompagnent l'homme tout au long de son existence. Généralement elles se posent d'abord dans la jeunesse et ressurgissent bien plus tard. Elles sont à la base de toute réflexion essentielle et de tout cheminement.

La première manière de les traiter, et la plus courante, consiste à les éviter, comme de faux problèmes. Ne sachant comment y répondre, on les classe vite dans la catégorie des « questions insolubles » en se disant : « Il n'y a pas vraiment de réponse, alors à quoi bon essayer d'en chercher une. » C'est une attitude qui manque de courage et d'intelligence. Ce refoulement est une fausse solution, car il suffira d'une maladie, d'un accident, d'un instant de déprime ou de l'approche de la mort pour que ces problèmes remontent à la surface.

Il y a aussi une autre possibilité qui consiste à s'engager dans un travail de recherche ou de questionnement essentiel qu'on peut qualifier de « spirituel ». Une recherche véritable est la voie du courage : elle demande beaucoup de détermination et de remise en question. La facilité est de se satisfaire d'une attitude qui, sans nous remettre en question, nous conforte dans notre cocon habituel. S'engager sur le chemin spirituel, résolument et avec sincérité est une route étroite et ardue, mais qui apporte finalement plus de satisfactions authentiques que l'autoroute des facilités factices que nous sommes tentés d'emprunter habituellement.

*Vous dites que nous nous posons des questions parce que nous sommes exposés à plusieurs sortes de problèmes, qu'entendez-vous par là ?*

Il y a plusieurs niveaux de problèmes : le premier, le plus subtil et le plus profond réside dans le seul fait d'être, d'exister, et dans les limitations qui y sont inhérentes. A ce niveau se situe aussi l'incertitude fondamentale de notre être : « qui sommes-nous », « que sommes-nous », « pourquoi et comment existons-nous » ? Cette interrogation existentielle fondamentale est primordiale, mais généralement ne nous préoccupe guère car nous sommes obnubilés par des urgences beaucoup plus concrètes et quotidiennes.

Le deuxième niveau de problèmes auquel nous sommes exposés est, paradoxalement, celui du plaisir ou de l'attachement aux plaisirs. Nous sommes tous à la poursuite d'un bonheur que nous pensons généralement trouver dans la satisfaction des sens. Cette quête est la principale motivation d'un être ordinaire. Le problème du plaisir est connecté à celui du déplaisir, c'est-à-dire à celui de sa fin, la fin de la jouissance, avec le manque qui en résulte. Nous sommes en permanence pris dans des cycles plaisir-déplaisir, jouissance-frustration qui sont sources de problèmes et de souffrances.

Le troisième niveau de problèmes est constitué par des difficultés beaucoup plus concrètes comme les souffrances psychologiques ou physiques, ou parfois leur accumulation. Prenons un exemple : vous partez en vacances. En route, votre voiture tombe en panne. Vous la garez sur le côté. Il y a du brouillard et un camion la percute. Quand la police arrive, une autre mauvaise surprise vous attend : vos papiers ont disparu ! On vous emmène au poste de police et comme vous n'avez pas de preuves de propriété du véhicule, vous êtes suspecté de l'avoir volé, et gardé à vue. De plus, vous étiez à l'étranger et comme votre visa arrive à expiration, vous êtes expulsé. En rentrant en France, vous apprenez que vous êtes licencié et que votre femme vous a quitté ! Là-dessus, on vous dit qu'un ami très cher a une grave maladie et qu'il risque de décéder... On s'arrêtera là (rires). C'est la souffrance ordinaire. Ce sont tous les problèmes concrets qui s'accumulent les uns à la suite des autres.

Nous sommes en permanence exposés à ces trois niveaux de problèmes. Ils se construisent les uns sur les autres, les plus grossiers se développant sur la base des conditionnements posés par les plus subtils.

*Souvent la souffrance n'est pas terrible et apparente, mais plus insidieuse. Cela amène certaines personnes à vous dire :*

*« C'est bien beau tout cela, pourtant ma vie me satisfait. Je ne vois pas pourquoi j'en changerais. »*

Le problème est qu'habituellement les choses vont bien pendant un certain temps jusqu'à ce qu'une difficulté surgisse et bouscule l'apparence de bien-être. A ce moment-là, c'est le chaos, la catastrophe. Il est sage de se résoudre à admettre que certains problèmes sont inhérents à notre existence et d'être prêts à les traiter même si, actuellement, il se peut que nous n'y soyons pas particulièrement confrontés. Parmi les trois catégories de problèmes que nous venons d'évoquer, en fait, seule la dernière est vraiment perceptible par le plus grand nombre. Les deux autres sont plus subtiles, la première est même de prime abord imperceptible.

Pratiquement, un état dans lequel on dit ne pas avoir de problèmes est plus souvent une situation de refus ou de manque de lucidité qu'un véritable état de bien-être ou d'absence de difficultés. Nous avons tendance à occulter les difficultés, histoire de dire que tout va bien, mais elles subsistent et à l'occasion réapparaissent. Il est sage d'être réaliste : même si la conscience de celles-ci n'est pas toujours aiguë, elles sont, cependant, sous des aspects subtils ou grossiers, inhérentes à notre existence conditionnée. En prendre conscience est le point de départ qui permettra d'entreprendre le travail libérateur.

*Vous dites que l'attachement aux plaisirs est un de nos gros problèmes. Comment faut-il alors utiliser nos sens ? Faut-il bannir définitivement tout sentiment de contentement ou de satisfaction par les sens ?*

D'un côté l'attachement aux plaisirs des sens est un problème, et de l'autre, leur rejet en est un autre. C'est un point important qui est souvent source de malentendus. L'approche spirituelle préconisée par le *dharma* est une « voie du milieu » qui évite les extrêmes et propose un juste usage des sens. Le Bouddha lui-même, au cours de son parcours spirituel, s'est d'abord engagé sur une voie de renoncement total aux gratifications sensorielles. Il s'est consacré totalement pendant cinq ans à la pratique du yoga, au jeûne et à toutes sortes d'abstinences avec des maîtres hindous. Il a fini par se rendre compte qu'il faisait fausse route et que cette approche d'ascétisme extrême ne l'amènerait pas à l'éveil. Sa pratique puis son enseignement ont ensuite été une voie moyenne entre l'ascétisme et la recherche du plaisir, c'est-à-dire un cheminement équilibré dans lequel le juste usage des sens évite les comportements extrêmes que sont d'une part la luxure et l'attachement aux plaisirs des sens et, d'autre part, l'ascèse mortifère et le rejet des plaisirs sensoriels.

Dans la perspective de cette voie moyenne, l'important est de développer une relation juste aux objets des sens et aux plaisirs qui y sont associés. Les plaisirs, les satisfactions et les expériences sensorielles agréables ne sont pas en eux-mêmes des entraves au développement spirituel. L'obstacle vient des fixations et des attachements que l'on développe sur ceux-ci.

*Mais, dans la vie courante, comment pouvons-nous contrôler nos sens ?*

Au début, nous sommes toujours attachés aux plaisirs, aussi, est-il d'abord important de savoir nous imposer des limites. Si nous n'avons pas de retenue, nous nous adonnons à toutes sortes d'excès et nous nous retrouvons dans des situations qui deviennent rapidement passionnelles et conflictuelles. Nous contrôlerons donc nos sens en fixant des bornes à la liberté d'action que nous leur accordons. Nous nous tiendrons à une discipline qui est un cadre protecteur dans lequel le développement intérieur peut prendre place. Il est futile de vouloir entreprendre un travail intérieur si l'on n'est pas déjà capable, au niveau extérieur le plus simple, d'avoir une activité relativement cohérente et ordonnée. Le cheminement commence donc par l'apprentissage d'un comportement réglé au niveau du corps, de la parole et de l'esprit. Cette discipline n'est pas une morale religieuse ou laïque, mais plutôt un ensemble de règles qu'on pourrait dire de « santé spirituelle » : certaines activités sont à abandonner car elles sont malsaines, c'est-à-dire source de problèmes et de souffrances, tout comme certaines nourritures sont à proscrire si l'on veut éviter la maladie. Si votre alimentation est trop riche en graisses, votre taux de cholestérol va augmenter, si votre consommation d'alcool est trop importante, vous aurez une cirrhose, si vous fumez trop, de l'artérite, etc. D'une façon similaire, les passions sont source de maladies spirituelles. Si vous fonctionnez agressivement, vous produisez des causes qui auront des conséquences douloureuses. Toutes les passions sont pathogènes au niveau de l'esprit, tout comme les excès alimentaires le sont au niveau du corps.

La discipline du *dharma* nous propose donc un certain nombre de règles du corps, de la parole et de l'esprit. Ces règles consistent à abandonner autant qu'on le peut ce qu'on appelle « les dix actes négatifs » qui sont source d'attitudes passionnelles, conflictuelles et finalement douloureuses pour autrui comme pour nous-mêmes.

*Pourriez-vous nous dire quels sont ces dix actes négatifs ?*

Il y en a trois du corps, quatre de la parole et trois de l'esprit. Au niveau du corps, on évitera : de tuer, de voler et une mauvaise sexualité.

Au niveau de la parole, on apprendra à faire bon usage de celle-ci en évitant : de mentir, de créer la dysharmonie, d'utiliser des mots blessants qui heurtent l'esprit d'autrui, et de parler de façon frivole et futile.

Au niveau de l'esprit, on évitera : la possessivité, la malveillance et les conceptions erronées.

A l'inverse de ces dix actes négatifs, on apprendra à cultiver les dix actes positifs, qui sont les contraires des dix négatifs : protéger la vie, être généreux, avoir une vie sexuelle juste; parler de façon franche, créer l'harmonie par ses paroles, utiliser un discours plaisant, et parler à bon escient. On apprendra aussi à se satisfaire de ce que l'on a, à être bienveillant et à comprendre les choses de façon juste.

La discipline extérieure est donc, dans l'esprit que nous avons expliqué, fondée sur l'abandon de ces dix activités négatives et la pratique de ces dix activités positives. C'est dans ce cadre que peut se développer harmonieusement la discipline intérieure qu'est la pratique de la méditation.

*Que deviennent les émotions et les passions dans cette discipline intérieure de la méditation ?*

La discipline intérieure, la pratique de la méditation, est l'apprentissage d'une relation juste à notre esprit et à nos expériences sensorielles. C'est un processus de libération puis de transmutation des attachements émotionnels. Les expériences sensorielles sont fondamentalement des énergies, c'est possédées par l'ego qu'elles nous enchaînent au *saṃsāra,* c'est-à-dire à l'existence conditionnée, alors que libérées de ses fixations elles deviennent finalement une énergie de sagesse. Cette perspective du *vajrayāna* dans laquelle l'énergie des émotions se met au service de la sagesse est le niveau final des enseignements du Bouddha. C'est une transformation des énergies spirituelles ; lorsqu'elle est devenue effective, non seulement les gratifications sensorielles ne sont plus des obstacles, mais elles deviennent même, selon une expression traditionnelle, « du bois apporté au bûcher de la sagesse ». Mais n'allons pas trop vite. L'important est d'abord de réaliser le véritable non-attachement et, avant même, la discipline extérieure.

La discipline extérieure est le cadre dans lequel peut se développer la pratique de la méditation et dans celle-ci, une attitude intérieure de non-attachement par rapport à notre environnement et à nous-même. La méditation amène ainsi une liberté plus grande vis-à-vis de toute expérience et une qualité de vie beaucoup plus authentique. Il devient possible, par sa pratique, de mieux communiquer, de mieux comprendre les autres, et d'expérimenter ce qui nous entoure d'une façon beaucoup plus ouverte et chaleureuse.

*Dans ce non-attachement ne risquons-nous pas de devenir indifférents au monde qui nous entoure ?*

Certainement pas : le non-attachement dont nous parlons n'est pas un détachement indifférent, il est même à l'antipode de l'indifférence. L'indifférence est une attitude d'attachement à son confort personnel : on désire être tranquille, à l'abri dans son cocon, évitant soigneusement toutes formes d'irritation. L'indifférence, c'est : « Ça m'est égal », « Je ne veux pas savoir », « Laissez-moi tranquille »...

Le non-attachement consiste, lui, à ne pas être attaché à quoi que ce soit : ni aux objets extérieurs, ni à soi-même. Le non-attachement véritable est en fait la liberté intérieure. Libre d'attachements, on est sans liens, pleinement disponible aux situations qui se présentent. On est pleinement réceptif, et ainsi en parfaite adéquation à l'instant présent.

Vous comprendrez que cette adéquation à l'instant présent, développée par la pratique de la méditation, soit l'état dans lequel l'action et la vie quotidienne peuvent se dérouler d'une façon optimum.

*Et par rapport aux autres, comment devrait-on se conduire et pratiquer ce non-attachement ?*

Par la méditation, nous aidons aussi ceux avec qui nous vivons, car sa pratique développe une aptitude à la communication et à l'amour authentique. Nous parlons ici d'un sentiment désintéressé, qui nous fait aimer l'autre non pas pour ce que l'on voudrait qu'il soit mais pour ce qu'il est vraiment. Cet amour n'est pas un attachement aux êtres, de l'attachement découlent tous nos problèmes habituels, mais une attitude ouverte dans laquelle il est possible de communiquer véritablement et d'établir une relation authentique. L'amour véritable procède du non-attachement : il peut prendre place lorsqu'on n'essaie pas d'imposer quoi que ce soit aux autres, et n'a pas non plus quelque chose à défendre. Le problème de la relation aux autres se pose alors différemment : il y a abolition des barrières qui empêchent habituellement la rencontre. Cette absence d'attachement n'a rien à voir avec de l'insensibilité ou de l'égoïsme. Dépasser ses attachements n'est pas devenir insensible, mais apprendre à transformer la relation que l'on entretient avec ses émotions et leurs objets.

*Ce n'est pas facile de commencer un cheminement, car il faut avoir le courage de revoir les valeurs sur lesquelles nous bâtissons en général notre vie !*

Oui, c'est un engagement courageux qui demande une remise en question de nos valeurs et une révision des priorités que nous avions antérieurement; mais c'est en même temps ce qui vaut le plus la peine d'être fait dans notre vie. La priorité de notre vie devrait être, avant tout, le cheminement spirituel, et c'est autour de lui, dans sa perspective, que les divers autres domaines de notre vie : professionnels, familiaux, sentimentaux..., devraient s'organiser et graviter. Il y a toujours dans l'existence un ordre de priorités à établir et il faut que celui-ci aille de l'essentiel au contingent. Le premier doit toujours gouverner le second et non le contraire.

*Nous avons parlé de la souffrance, comment définiriez-vous le bonheur ?*

Il y a différents types de bonheur comme il y a différents niveaux de souffrance. Le bonheur n'est pas quelque chose qu'il faille fabriquer par quelque moyen que ce soit. C'est l'état naturel de notre esprit libre de ses conditionnements, l'état de liberté au-delà de leurs aliénations. Le véritable bonheur ne se possède pas, c'est l'absence même de possession et de possesseur, la liberté de l'éveil.

Comprendre ainsi où se situe le bonheur authentique permet de le rechercher intelligemment. En effet, le principal obstacle à l'obtention de conditions d'existence meilleures est une quête maladroite et agressive. Cette recherche est paradoxalement animée par des attachements à ce qui nous fait souffrir : en essayant de trouver ce que nous croyons être le bonheur, nous générons notre propre malheur ! En connaissant les véritables causes du malheur et du bonheur, nous pourrons travailler efficacement pour nous libérer des unes et cultiver les autres.

*Tout ce qui nous arrive ne dépend pas toujours de nous. Nous faisons tous partie d'un contexte - professionnel, affectif ou familial - que nous ne pouvons pas toujours contrôler...*

Oui mais, plutôt que d'essayer de contrôler les événements, il faut d'abord se changer soi-même dans les situations telles qu'elles se présentent. Il y a les situations et notre relation à celles-ci. Le bonheur ou le malheur viennent d'abord de la relation que nous entretenons avec ces situations.

Un cheminement véritable commence, comme nous en parlions, par une prise de conscience des problèmes. L'étape suivante consiste à se demander d'où viennent toutes ces difficultés. Le réflexe habituel est d'accuser les autres de tous nos malheurs. Si ça va mal, c'est à cause du système, des Russes, des Américains, des Japonais, du gouvernement, de notre patron, du voisin, de la concierge, de notre conjoint, des intempéries, etc. On blâme l'autre, c'est bien connu. Cette attitude laisse de côté l'élément fondamental de la situation relationnelle : nous-même avec notre confusion et nos passions. La racine des problèmes est en nous ! Notre bien-être, ou notre mal-être, ne dépendent pas tant des situations que la façon dont nous les vivons et dont nous nous relions à celles-ci. Cette dimension relationnelle échappe habituellement à notre perception des choses. On ne peut la modifier que par un travail sur soi-même, sur sa façon de vivre, d'expérimenter chaque instant. Nous avons tous le pouvoir de nous transformer et de transformer, par là même, les événements extérieurs. C'est là que se trouve la clé du cheminement spirituel.

Il faut, avant tout, se rendre compte que la racine de tous nos problèmes est en nous, en nos attitudes passionnelles et égotiques, et qu'il est possible en travaillant sur celles-ci de nous en libérer.

*Quelle est alors la bonne attitude pour commencer ?*

En général, nous ne faisons que réagir aux choses sans vraiment les vivre. Il existe pourtant une possibilité d'utiliser tout ce qui nous arrive comme une occasion d'évoluer et de changer. A première vue, cela n'est pas évident et pour commencer il est nécessaire de s'être entendu dire, au moins une fois : « C'est possible », par une personne digne de confiance. Nous avons en nous, dans notre vie, la possibilité d'effectuer cette transformation ! Nous avons en nous un potentiel sain et libre, une aptitude foncière à la liberté et au bonheur qu'il nous est possible de révéler, d'actualiser, pour autant que nous fassions ce qui est nécessaire. Il faut apprendre à le faire. C'est la pratique du *dharma*.

*Vous avez parlé de conditionnements, d'où viennent-ils et comment agissent-ils dans les situations de notre vie ?*

D'habitude, nous considérons ce qui nous arrive comme des situations extérieures à nous-même, alors que nous sommes un élément de celles-ci. En fait, tout ce que nous vivons, toutes nos expériences sont des relations, des interactions entre nous et ce que nous posons comme extérieur, entre nous et notre environnement. Toutes dépendent d'un « moi » qui se vit lui-même comme quelqu'un d'autonome, d'intègre et d'indépendant.

Ce « moi » tente de posséder, d'écarter ou d'ignorer les êtres et les choses qui sont autres que « moi ». Notre conditionnement essentiel est cette situation dualiste de lutte du « moi-sujet » avec ses « autres-objets ». Dans cette interaction « sujet-objet » nous n'expérimentons pas les choses comme elles « sont » mais comme nous les voyons au travers du filtre déformant de notre moi et de ses réactions. C'est ce que l'on appelle : l'illusion.

En prenant conscience que nous sommes partie intégrante de nos expériences, et qu'elles sont fondamentalement conditionnées par nous-même, nous pouvons commencer à desserrer les nœuds de l'illusion.

*Existe-t-il quand même des événements qui ont une influence sur nous sans que nous puissions les contrôler : un accident de la route, une perte d'emploi, la disparition d'un être cher... On ne peut pas avoir d'action sur ceux-ci, pourtant on en subit le contrecoup...*

C'est certain, ils nous viennent indépendamment de notre volonté, mais la façon dont nous les vivons dépend de nous. Le bonheur ne vient pas du contrôle des événements, mais plutôt de notre aptitude à avoir une relation juste à ceux-ci. On peut expérimenter une cascade d'événements pénibles et les vivre d'une façon libre, sans en être gravement affecté, en restant heureux. Le bonheur véritable dépend plus de notre état intérieur que du contexte extérieur.

Par exemple, des personnes, comme beaucoup de tibétains, qui sont dans une situation difficile et qui ont un mode de vie pauvre suivant nos critères, peuvent être tout à fait heureuses. A l'inverse, il arrive fréquemment que des gens extérieurement nantis et extrêmement privilégiés soient, malgré cela, profondément misérables : anxieux ou déprimés.

Cela illustre que le bien-être dépend plus de ce que l'on est que de ce que l'on possède. « Ce que l'on est » signifie ici : notre attitude intérieure, notre état d'esprit, la façon dont nous vivons les situations, notre capacité à avoir une relation juste à celles-ci.

Les causes véritables de notre mal-être ou de notre bien-être, la racine des problèmes et de leur solution se trouvent en nous, dans notre esprit.

*Donc le bonheur serait, non pas dans la maîtrise des événements, mais plutôt dans la façon de les vivre ?*

Oui, le bonheur réside d'abord dans notre capacité à avoir avec les événements qui se présentent une relation juste. Celle-ci est, de plus, le meilleur moyen de les transformer d'une manière réaliste et intelligente. La transformation extérieure passe par la transformation intérieure, la révolution extérieure par la révolution intérieure.

*Quelle est alors l'utilité des développements technologiques ?*

Nous venons de dire que l'origine de nos problèmes réside beaucoup plus dans notre être intérieur que dans notre maîtrise du monde extérieur, mais ce n'est pas une raison pour être insensible à la dimension technologique de la modernité. Celle-ci est extrêmement importante car elle peut contribuer d'une façon précise au bien-être de chacun. Mais là aussi, c'est la relation que nous entretenons avec les progrès technologiques qui détermine finalement leur impact positif ou négatif.

S'il est bon que la technologie progresse car elle peut améliorer les conditions de vie matérielle, elle n'apporte cependant pas de solution satisfaisante à nos problèmes fondamentaux ni le véritable bonheur. L'amélioration des conditions matérielles d'existence ne fait pas disparaître les passions et les souffrances de l'esprit. La technologie seule n'est pas suffisante, mais employée justement dans l'esprit du *dharma* elle est bonne.

Dans cette perspective, *dharma* et technologies sont parfaitement complémentaires.

*Sommes-nous dans nos passions semblables à des drogués, toujours en état de manque ?*

Nous désirons toujours que les choses soient différentes de ce qu'elles sont et ces désirs nous font percevoir notre condition comme constamment insatisfaisante. Nous sommes en permanence dans une sorte d'état de frustration de manque.

Il y a deux façons de combler un tel sentiment. La première consiste à essayer de se procurer à l'extérieur ce qui semble nous faire défaut. Cette tentative est sans fin et ses échecs conduisent à d'autres insatisfactions.

La deuxième possibilité est de réaliser que notre frustration repose sur nos passions qui, à leur tour dépendent d'une illusion concernant « qui » nous sommes. Par-delà notre ego, il est en effet en nous un état de plénitude en lequel sont comblés toutes insatisfactions et tous manques. C'est ce qu'on appelle la nature de bouddha. La pratique de la méditation nous ouvre petit à petit à cette expérience de complétude qui est finalement une expérience de non-dualité à laquelle rien ne manque. C'est la santé fondamentale, la désintoxication ultime.

*Comment alors faire cesser ces tourments que nous nous infligeons à nous-mêmes ?*

Dans la pratique de la méditation, on découvre une qualité intérieure de douceur, et réalise que l'agression, sous ses différentes formes, n'est pas le seul mode d'être et de fonctionnement possible.

Habituellement, notre agressivité commence par s'exprimer à notre égard : nous refusons d'être ce que nous sommes, là où nous sommes, comme nous sommes. Ce refus intérieur se traduit ensuite dans notre comportement par une « violence » extérieure.

En commençant par nous réconcilier avec nous-même, nous découvrons peu à peu que, quels que soient les problèmes, les souffrances et la confusion, il y a aussi en nous quelque chose de sain et de bon. Il devient alors possible, quelles que soient nos confusions et nos passions, de ne plus nous haïr, et d'apprendre à nous accepter, nous développons vis-à-vis de nous-même une attitude d'amitié et de bienveillance. Ceci ne veut pas dire de nous complaire dans les travers et les difficultés, mais de nous réconcilier avec nous-même pour travailler avec cette matière première que nous sommes. Il devient ensuite possible de nous réconcilier avec les autres et l'environnement, et ainsi de vivre avec intelligence et compassion toutes les situations quotidiennes.

CHAPITRE 2

# DIEU, RELIGIONS ET TRADITIONS

*Quand on parle aux gens de spiritualité, ils pensent tout de suite à la religion, alors qu'il semble que ce ne soit pas la seule façon de pratiquer une recherche intérieure ?*

Vous avez remarqué que, depuis le début de nos entretiens, j'emploie le mot « *dharma* » qui n'est exactement ni « religion », ni « spiritualité », ni « psychologie » ou « science »; mais qui pourtant recoupe ces différents domaines.

*Dharma* signifie fondamentalement et principalement « réalité », « ce qui est ». Son sens le plus courant est celui « d'enseignement », entendu comme exposé « de la réalité », « de ce qui est » ou « de comment sont vraiment les choses et les êtres ». Il n'y a a priori là rien de bien « religieux » au sens habituel.

Si l'on se pose néanmoins la question de savoir si le *dharma* est une religion, il faut d'abord s'interroger sur ce que ce mot recouvre pour nous. Dans l'esprit commun, il évoque un ensemble de croyances, de dogmes, de formalismes et de morales. Dans cette perspective le *dharma* n'est certainement pas une religion. En effet, son approche n'est pas fondée sur la foi au sens de l'adhésion à une croyance posée comme a priori. Il n'est ni dogmatique, ni formaliste, ni moraliste.

Par contre, si l'on entend le mot religion dans son sens étymologique comme « ce qui relie au divin ou à l'ultime », le *dharma* est religieux car il permet de réaliser et d'atteindre « l'ultime nature de l'esprit ».

Maintenant : « Est-ce que le *dharma* est une voie spirituelle ? » Là aussi, il y a des problèmes car le spiritualisme se présente souvent en opposition au matérialisme. Dans cette optique, le *dharma* n'est pas non plus vraiment une approche spiritualiste car il ne prêche pas l'esprit contre la matière. Nous avons défini, tout à l'heure, le mot *dharma* comme signifiant « réalité ». On peut dire que le *dharma* est une approche « réaliste » : c'est l'étude de la réalité essentielle des choses. Si l'on entend maintenant par spiritualité : l'étude de l'esprit et des pratiques qui y sont associées, le *dharma* est une spiritualité. Il se définit même souvent comme « science de l'intériorité » ou « science de l'esprit », mais comme nous l'avons dit, pas de l'esprit opposé à la matière, mais de l'esprit comme processus cognitif dans lequel les notions habituelles d'esprit et de matière sont incluses. Le *dharma* comme science de l'intériorité est une approche rationnelle, fondée sur un raisonnement, et une vérification expérimentale. Ce n'est pas une science extérieure du mesurable, mais une science tournée vers l'intérieur avec ses outils propres qui sont les différentes pratiques de la méditation. Cette science du *dharma* a une dimension extrêmement moderne, en tant que connaissance de la connaissance faisant une étude critique éminemment fine et profonde de nos perceptions et de notre connaissance.

*Si le bouddhisme n'est pas une religion telle qu'on l'entend habituellement, peut-on dire alors que c'est un enseignement qui peut avoir des aspects religieux ?*

Il faut continuer à faire attention au scintillement des mots et aux préjugés qu'ils peuvent véhiculer. Nous employons le mot *dharma* plutôt que bouddhisme, qui est un « isme », et qui, comme tel, fait facilement penser à une idéologie ou à une doctrine. Le *dharma* est une tradition complète, c'est-à-dire un cheminement qui conduit à la réalisation de l'ultime réalité. C'est ce que l'on appelle une voie traditionnelle, une tradition authentique. Ce n'est pas une religion au sens monothéiste habituel, mais il a, au sens évoqué précédemment, ou dans certaines de ses manifestations, un caractère religieux. Le *dharma* fait appel à tout ce que nous sommes : à notre corps, à notre parole et à notre esprit. Sa pratique intègre tout l'être et s'applique à tous les domaines de la vie quotidienne.

*Quelle est la position du* dharma *vis-à-vis des autres religions et des autres voies spirituelles ?*

Pour le *dharma*, les différentes voies spirituelles, les différentes traditions authentiques sont envisagées comme autant de voies parallèles allant dans une même direction. Certaines peuvent conduire à des états divins, d'autres à la délivrance, toutes contribuent à la progression spirituelle. Celles qui sont complètes sont des chemins d'accès à la vérité de l'ultime expérience informelle. Celle-ci est une voie qui transcende les noms et les formes, et se situe complètement au-delà des théologies, des métaphysiques, des philosophies, et de toutes les doctrines qui sont particulières à chacune et qui permettent d'y accéder. Cette réalité transcendante n'est pas l'apanage ou le monopole d'une tradition à l'exclusion des autres, pas plus du bouddhisme que de n'importe quelle autre. Le *dharma* considère qu'au fil des siècles, de nombreux êtres sont arrivés à l'éveil et ont connu la réalisation suprême. Ils l'ont ensuite exprimée différemment en fonction du contexte ambiant : des concepts parlant pour leurs contemporains, du milieu socio-culturel, de la langue, etc. Ils avaient tous en vue, derrière cette variété d'expressions, une même réalité. De ce point de vue leur diversité n'est que contingente, elle a une fonction pédagogique, didactique, et c'est en fait une richesse qui permet d'adopter le même message à la variété des entendements et des réceptivités des êtres. Il y a ainsi une unité transcendante des traditions qui est dans l'au-delà des concepts et des représentations. C'est une expérience a-temporelle à jamais accessible dans l'immédiateté de l'instant présent. Différents êtres réalisés, qu'on peut appeler des bouddhas ou des grands bodhisattvas même s'ils n'en ont pas eu le nom dans leur tradition, en ont rendu compte et, à partir des qualités de connaissance et de compassion qui en émanent, ont exprimé dans leur tradition différentes types d'enseignements.

*Donc toutes ces différentes traditions seraient bonnes ?*

Pour le *dharma*, tel que nous l'a présenté Kyabdjé Kalou Rinpotché, il y a, dans notre monde, différentes traditions authentiques qui méritent toutes notre respect et notre estime, car leurs expressions correspondent à la diversité des hommes avec leurs différentes mentalités et les stades d'évolution de chacun. De ce point de vue, la diversité n'est pas un problème, mais au contraire une richesse.

Ainsi, il y a dans le bouddhisme, non seulement une tolérance mais une véritable estime des autres traditions authentiques. Elles sont des voies parallèles qui vont dans une même direction et qui ont la même finalité : apporter aux hommes sagesse et compassion.

*Quelles sont les traditions authentiques dont vous parlez ?*

Il faudrait ici distinguer deux problèmes différents : celui des traditions authentiques et celui des traditions complètes. Les traditions authentiques ont, à leur départ, l'inspiration véritablement transcendante que leur initiateur a puisée à la source qu'est l'expérience de l'ultime réalité, telle que nous venons d'en parler. On distinguera ces dernières des divers mouvements qui reposent à l'origine sur l'inspiration de quelque illuminé « auto-proclamé » qui a eu « sa révélation », c'est-à-dire trouvé « sa vérité » et s'est mis à l'enseigner.

Une tradition authentique est, dans son origine comme dans sa transmission, au-delà des individualités. En effet, ceux qui en deviennent les détenteurs font partie d'une lignée spirituelle ininterrompue depuis l'initiateur. A chaque maillon de la chaîne de transmission, un disciple reçoit l'enseignement de son maître, qui l'a lui-même étudié et surtout pratiqué. Il l'étudie, le pratique, le réalise à son tour puis le transmet, dans l'esprit et dans la lettre, sans que ce soit « son » enseignement. La transmission restera pure dans la mesure où elle ne sera pas altérée par l'intervention d'êtres ordinaires et de leurs egos individuels. Il y a ainsi continuité de l'enseignement par-delà les egos personnels.

Des traditions authentiques se sont ainsi transmises depuis des siècles, dans certains cas depuis des millénaires.

Il y a ensuite la question des traditions complètes : une tradition peut très bien avoir été authentique et complète au début mais avoir dégénéré, subi au cours de sa longue histoire toutes sortes d'altérations et de déviations. Elle peut avoir perdu son esprit, être devenue lettre morte et n'être plus qu'un cadavre. Pour qu'une tradition authentique soit complète, il faut que sa transmission soit encore effectuée par des personnes qui en ont la réalisation ultime et qui la transmettent ainsi totalement.

*Que serait alors une tradition incomplète ?*

Ce serait une tradition avec en son sein des déviations, et qui s'arrêterait avant l'ultime expérience. Pour illustrer cette idée, on peut comparer l'ascension spirituelle à celle d'une montagne. Le sommet représente l'ultime expérience transcendante dont nous avons parlé. Il y a sur ses versants différents chemins et sentiers qui permettent d'y accéder. Ceux-ci correspondent aux multiples approches des traditions authentiques. Ces voies d'accès se rapprochent en convergeant vers le haut. Pourtant, certaines voies sont coupées, elles ne mènent plus au sommet et ne permettent plus que de faire un cheminement partiel.

Il est donc nécessaire de suivre une tradition authentique et complète et, de plus, pour éviter sur la voie les nombreux écueils, comme dans l'ascension en montagne, il est indispensable d'avoir un guide compétent qui connaisse la voie et qui puisse nous y diriger pas à pas.

*Il y a une chose difficile à comprendre quand même : si une tradition était authentique au départ, pourquoi ne mènerait-elle plus au sommet de la montagne, comment a-t-elle pu se dénaturer ?*

Elle peut avoir été complète initialement mais avoir été mal transmise à travers les siècles. Sa transmission authentique dépend de la réalisation véritable de ses membres, elle peut s'être altérée et progressivement le « savoir-faire » traditionnel qui permettait d'atteindre la réalisation peut s'être perdu. Dans ce cas, il n'y a plus la possibilité de faire le trajet complet. C'est un phénomène très courant, particulièrement de nos jours, c'est d'ailleurs pourquoi notre époque est appelée « le temps de la dégénérescence ».

*Est-ce que reconnaître ainsi les traditions authentiques prend en compte le fait qu'il pourrait en apparaître d'autres ?*

D'autres bouddhas et d'autres éveillés ont enseigné avant le Bouddha Śakyamuni qui est à l'origine de la formulation du *dharma* que nous pratiquons actuellement, il y en a eu d'autres avant lui et il y en aura encore d'autres ultérieurement. Ils ré-expliqueront et réactualiseront l'enseignement. Chacune de leurs interventions introduit et adapte à une époque différente une nouvelle présentation de l'enseignement. Donc, l'apparition d'une nouvelle forme ou d'une nouvelle formulation traditionnelle est une possibilité.

Mais là aussi, il est nécessaire d'appliquer des critères de discernement extrêmement précis, d'autant plus que foisonnent aujourd'hui les pseudo-spiritualités qui se prétendent toutes authentiques. C'est une caractéristique de l'époque de dégénérescence et de confusion actuelle *(voir chapitre 10)*.

Pour garder un discernement sain, on peut se référer aux critères déjà évoqués précédemment. Il faut aussi faire attention : beaucoup de nouveaux courants spirituels et mouvements dits de « renouveau » qui sont en fait des syncrétismes douteux ont, pour se valoriser, tendance à présenter les traditions anciennes comme périmées et obsolètes. De plus, ces mouvements ont fréquemment une approche mercantile qui tend à éliminer tout ce qui pourrait gêner les idées et les egos de leurs clients potentiels. Ils gardent, par contre, ce qui peut les satisfaire et les flatter, ouvrant ainsi la voie à une commercialisation plus facile ! Ce genre d'adaptations faite en fonction des appétences de la clientèle est bien loin de la réactualisation de la vérité atemporelle dont nous parlions récemment. On se trouve alors devant une sorte de spiritualité de l'ego, bien loin de sa transcendance. On arrive dans certains cas à une véritable inversion. Il y a, dans nombre de ces approches, énormément de confusion et de dangers. Et, si l'on ne peut, bien sûr, pas porter de jugement d'ensemble, on ne saurait trop mettre en garde.

*Vous avez dit que Bouddha lui-même avait déclaré avoir ouvert à nouveau une voie encore plus ancienne. De quoi voulait-il parler ?*

Le *dharma*, « l'expression de la réalité » et la possibilité d'accéder à l'éveil ne sont pas apparues avec le Bouddha Śakyamuni. Dans la perspective que nous venons d'exposer, celui-ci a réexprimé un enseignement qui est essentiellement atemporel.

L'éveil a existé de tous temps. Le Bouddha Śakyamuni nous a rouvert une porte d'accès à une réalisation qui, en elle-même, existe depuis toujours. Il est apparu cinq siècles avant Jésus-Christ, mais il y eut, avant lui, d'autres maîtres, d'autres « bouddhas, grands bodhisattvas » qui enseignèrent des traditions authentiques menant à l'illumination ultime, et il y en aura d'autres après lui.

Au sein du bouddhisme, le Bouddha Śakyamuni est considéré comme étant le quatrième Bouddha initiateur du *dharma* de notre cycle cosmique, qui doit en compter un millier !

*Les grandes traditions religieuses ou spirituelles sont-elles toujours apparues après une période de crise ?*

Les initiateurs des grandes traditions sont généralement apparus à des tournants de l'histoire, dans des périodes de transition. Leur présentation avait un caractère nouveau, ils opéraient une rénovation par rapport aux aspects dominants de traditions qui avaient dégénéré. Ce qui d'ailleurs ne signifie pas que celles-ci étaient périmées dans leur totalité.

Chaque fois que le terrain était favorable, c'est-à-dire lorsque le contexte historique et culturel était approprié, et que cela pouvait être utile, à des tournants de civilisations, des êtres éveillés ont semé la graine d'une nouvelle forme de spiritualité.

Notons que dans une tradition qui reste totalement vivante, cette adaptation de la présentation, qui ne change en rien le fond, se fait constamment.

Une tradition reste complète et pleinement vivante aussi longtemps que cette adaptation se fait de l'intérieur, à partir de l'expérience ultime d'éveil. C'est lorsqu'elle devient le fait de réformateurs qui ont perdu cette expérience qu'elle dégénère. Elle perd alors progressivement son esprit, devient lettre morte, un dogme rigide qui a tendance à se décomposer.

CHAPITRE 3

# L'ULTIME, DIEU ET LA VACUITÉ

*Pour commencer, dans la perspective du* dharma, *qui est Dieu et quelles sont les preuves de son existence ?*

Voilà en effet une bonne question pour débuter ! (rires.)

Dans la perspective non théiste du *dharma,* chercher des preuves de l'existence de Dieu n'est pas le premier problème.

Chercher une vérité intellectuelle qui énoncerait « qui est Dieu », ou « ce qu'est Dieu », ainsi que des preuves de son existence est s'engager dans une voie en laquelle les solutions que l'on trouvera seront toujours inadéquates avec la portée ultime de la question ; l'inadéquation venant des limitations de « l'outil » intellectuel utilisé : un outil limité voudrait comprendre l'ultime qui par nature le dépasse.

Le chercheur en quête de l'ultime s'interrogera donc d'abord sur les outils, les moyens dont il dispose pour cette recherche. Il faudrait qu'il s'interroge sur la valeur et la portée des concepts qu'il utilise : Qu'est-ce qu' « être », qu' « exister » signifient ? Comment et par quoi « quelque chose » est-il, existe-t-il ? Qu'est-ce qui fait que quelque chose existe ? Une recherche dans cette direction met en évidence que l'existence de quelque chose dépend du type de connaissance que l'on en a, et du sujet qui en a connaissance.

Dans cette perspective, le *dharma* aborde le problème de l'ultime non pas d'un point de vue intellectuel et métaphysique, mais plutôt épistémologique, cognitif et contemplatif. Pour lui, le problème ultime, comme la solution de celui-ci, résident dans la compréhension de la structure et des modalités de notre connaissance-conscience dont nous sommes, comme sujet, partie intégrante.

Sa démarche met en évidence les limites du domaine de validité de toutes les réponses intellectuelles, quelles qu'elles soient, puis, il propose une approche d'un autre type, avec d'autres modalités cognitives, c'est la pratique de la méditation qui ouvre finalement l'esprit à une connaissance non conceptuelle : la connaissance immédiate ou connaissance transcendante.

Cette connaissance transcendante est une expérience non dualiste appelée expérience de la vacuité ou du *mahāmudrā (voir la postface)*, s'y trouve la solution transcendante de l'ultime problème, et d'ailleurs aussi celle de sa question et du questionneur.

En ce qui concerne Dieu et votre question, au niveau de cette connaissance non dualiste, le « moi » et l' « autre » se révèlent être des illusions ; dans celle-ci « moi » n'existant pas, « Dieu », l'Autre, n'existe pas non plus ! Néanmoins, cette double inexistence du sujet et de son objet, qu'on appelle la non-dualité, pourrait, dans une logique paradoxale, être dite « l'ultime existence de Dieu ». Mais un théiste ne serait sans doute pas d'accord ?

*Vous dites que le* dharma *est une approche non théiste, qu'entendez-vous par là ?*

Cela signifie beaucoup de choses, tant au niveau de la façon de comprendre les choses, que d'une mentalité et d'un état d'esprit général.

Dans une approche théiste, Dieu est l'explication finale, il explique en dernier recours tout ce qui n'a pas d'autre explication. Dieu habite ainsi à la frontière de l'inconnu : c'est l'explication ultime quand toutes les autres sont arrivées à leur limite, et elle est définitive car Dieu repose sur la foi qui est la justification pour ce qui en est dépourvu !

L'approche du *dharma* est profondément non théiste au sens où clle ne suit pas ce genre de démarche et n'enseigne pas la notion d'un « Dieu anthropomorphique ». Expliquons-nous : on pourrait distinguer trois formes d'anthropomorphisme de Dieu : grossier, subtil et ultime.

— Le premier est l'image du vieillard barbu trônant sur son nuage. Cette conception est suffisamment caricaturale et simpliste pour ne pas nécessiter de développements.

— L'anthropomorphisme subtil est, quant à lui, beaucoup plus pernicieux car il ne consiste plus à se représenter Dieu à l'image du corps humain, mais à l'image de la psychologie humaine, avec ses tendances et ses qualités. On lui attribue alors une bonne ou une mauvaise volonté, des intentions de justice, des sentiments de plaisir, de colère... On pense qu'il intervient sur notre vie, qu'il prend position, qu'il nous écoute ou nous répond. On attribue à Dieu des sentiments humains en les divinisant, c'est-à-dire en les dépouillant de tout ce qu'il y a dans ceux-ci d'imperfection. C'est une manière subtile de faire rentrer Dieu dans l'humain ou plus exactement l'humain dans le divin.

— Le troisième niveau, celui qu'on appellera l'anthropomorphisme ultime, consiste à concevoir Dieu selon, et dans, l'esprit humain. C'est une transposition dans le divin de la structure dualiste de la connaissance humaine. Dieu y est un « autre » que « je » connais ou que « j' » aime... C'est aussi se représenter Dieu dans une conception quelle qu'elle soit, même si elle est dépersonnalisée dans une abstraction dénuée de forme humaine.

Des idées de Dieu relativement subtiles comme : conscience cosmique, esprit universel, énergie fondamentale, ou même comme « Grand Organisateur » du big bang caché derrière le mur de Planck!... entrent dans cette catégorie. De même pour les idées de Dieu comme indicible, non né, incréé, ou tout autre terme négatif, apophatique. Notez que les termes négatifs, bien qu'ils soient moins limités que les autres, ne changent pas le problème car en fait ils affirment l'absence de ce qu'ils nient, ce sont des concepts d'absence mais ce n'en sont pas moins des concepts.

Cet anthropomorphisme fondamental est finalement toutes les versions conceptuelles, et par là même dualistes, de Dieu ; il se résume à concevoir Dieu, et à le poser ainsi dans la dualité.

Lorsqu'on pose à l'origine un Dieu personnel anthropomorphique, l'on a tendance à entrer dans toute une logique de la dualité, de l'être, de la personne, et de l'ego associée à une « mentalité théiste » bien particulière à laquelle sont attachées toutes sortes de problèmes, dont nous envisagerons peut-être certains aspects dans la suite de nos entretiens *(voir chapitre 7)*. Le *dharma* en fait l'économie.

*Pourriez-vous préciser la notion de vacuité ?*

Il faut faire attention car il y a de gros risques d'erreurs, la plus importante est celle qui concevrait la vacuité comme une approche nihiliste.

Le *dharma* présente plusieurs approches de la vacuité, elles sont même nombreuses ; mais, fondamentalement, la vacuité est le dépassement des concepts et des représentations. L'approche de la vacuité est l'absence d'appui conceptuel, c'est plus qu'une philosophie parmi d'autres car elle débouche sur une pratique qui effectue une « sortie » hors des philosophies et des approches intellectuelles.

Finalement la vacuité n'est pas une vérité intellectuelle, le concept de vacuité est encore une représentation et la vacuité est vide d'elle-même. La vacuité ne peut être conçue : la connaissance conceptuelle ne peut concevoir l'absence de concepts ! L'absence de conceptions ne peut se concevoir ! C'est, j'en conviens, une notion difficile à concevoir (rires).

Il y a un moment où il faut accepter les limites de l'intellect, c'est un acte d'humilité par lequel il faut passer. Il permet de découvrir la possibilité d'une approche autre que la réflexion intellectuelle : celle de l'expérience méditative.

On ne peut sortir de l'ego et de sa connaissance conceptuelle qu'en les « évacuant », ou plutôt en « s'évacuant » dans la réalisation de l'expérience immédiate née de la méditation. Elle donne finalement accès à cette connaissance immédiate qui, transcendant l'ego et l'intellect, ouvre à l'ultime réalisation spirituelle.

La vacuité « évacue » les voiles et les limitations habituelles ; cette élimination des limitations donne accès à une expérience illimitée dont on rend le caractère éminemment positif en en parlant comme de la plénitude de la vacuité.

*Comment pouvez-vous être certain que c'est l'ultime étape spirituelle ?*

Dire que la réalisation de la vacuité est ultime peut sembler une affirmation péremptoire, mais en tant qu'expérience elle est nécessairement finale car en elle, dans la non-dualité, c'est-à-dire aussi, simplement : en l'absence d'ego, il n'est plus personne pour aller au-devant de quoi que ce soit !

Les différentes traditions ont donné à cet état des appellations variées : l'éveil, Dieu, la nature de bouddha, le *nirvāṇa*, etc. Les noms qui le désignent sont nombreux, mais l'expérience qu'ils conceptualisent échappe dans son essence à toute formulation ou description. Fondamentalement, il ne peut être expérimenté que dans le silence a-conceptuel de l'expérience non dualiste. C'est la réalité ultime, alors que les concepts qui le désignent et en rendent compte n'existent qu'au niveau relatif.

Cet état est la forme ultime de la connaissance mais aussi de la compassion et de l'amour car en lui, au-delà de l'ego, est une participation à l'autre dans une union immédiate et non duelle qui transcende toute différence. C'est l'amour et la compassion à l'état pur. Dans cet état se trouve aussi l'action parfaite qui, naturellement libre de tout conditionnement, accomplit spontanément ce qui est à accomplir.

*Pourquoi, la perfection a-t-elle été corrompue ? Y a-t-il une espèce de péché originel expliquant cela ?*

L'univers a des mystères, nous sommes confrontés à des mystères ; tenter de les expliquer par Dieu, par le hasard, ou toute autre explication n'est que relatif et finalement illusoire, le plus important est d'élucider le mystère de l'esprit, le mystère de la connaissance. Ce mystère est le secret le mieux gardé qui soit car, en fait, nous sommes « ce » qui nous le cache ! L'observateur, le sujet, le chercheur, le questionneur que nous sommes, c'est-à-dire l'ego, nous dissimule la nature de bouddha, la perfection.

Les problèmes commencent avec l'ego, avec l'apparition du processus cognitif conditionné qu'est l'ego, qui voile la perfection non dualiste. Cette « connaissance égotique » est ce que le *dharma* appelle l'ignorance. C'est la connaissance qu'un sujet a de quelque chose qu'il saisit comme autre, c'est la connaissance dualiste. Elle crée la dualité et voile ce qu'elle voulait connaître !

Dans cette perspective, d'un point de vue du *dharma,* on pourrait dire que le péché originel est cette prise de connaissance de ce qui par nature ne peut être pris comme connaissance. Cette prise de connaissance, créant la dualité, voile ce qu'elle voulait connaître : l'état non dualiste. C'est ce que l'on pourrait peut-être appeler « le péché de la connaissance » ? Le péché originel serait alors de tomber sous l'emprise du serpent de l'illusion de la connaissance dualiste, celui qui sépare, qui créé la dualité, le diable !

C'est une interprétation personnelle, je ne fais que la suggérer puisque vous posez la question (rires).

En tout cas, en termes du *dharma,* cette prise de connaissance, comme toute saisie conceptuelle, voile la nature de bouddha et nous expose conséquemment aux maux du *saṃsāra,* l'existence conditionnée.

Fondamentalement, la perfection, la nature de

bouddha est là depuis toujours, échappant à l'expérience de l'ego. C'est lui qui, par sa présence, la fait être « ailleurs », « au-delà »; « son au-delà » n'existant que par « l'en-deça » égotique!

*Pensez-vous que Dieu et la vacuité soient conciliables?*

Il est important de ne pas vivre d'opposition entre les grandes traditions théistes et le *dharma*, les deux, comme nous l'avons déjà dit, vont dans une même direction, sont des voies parallèles.

Au niveau conceptuel, si l'on reste uniquement sur un plan philosophique et théologique, il y a avec la plupart des théistes, les exceptions semblent rarissimes, des contradictions difficilement conciliables. Mais, du point de vue du *dharma*, comme nous l'avons déjà bien dit, les concepts n'ont qu'une valeur relative, ces contradictions le sont donc aussi! Elles sont l'expression de points de vues différents et de méthodes différentes... de voies différentes, souvenez-vous de l'image de la montagne que nous avons utilisée : les voies de différents versants sont d'autant plus éloignées qu'on est bas, au début de l'ascension, prisonnier des concepts.

On pourrait dire que Dieu et la vacuité se rejoignent au sommet de la montagne, ils font une rencontre au sommet, mais elle ne peut avoir lieu que lorsque pour les théistes la personne divine a finalement perdue toute caractéristique personnelle ou même impersonnelle. Ce ne semble être le cas qu'exceptionnellement chez les plus grands mystiques, et cela ne va pas aujourd'hui, pour le moins, sans problèmes...

*La tradition du* dharma *qu'est le* vajrayāna *a des divinités, comment les comprendre ?*

Le *vajrayāna* est la perspective finale du *dharma*, pour le comprendre et l'aborder sans déviation il faut d'abord assimiler les fondements du *dharma* que sont le *hīnayāna* et le *mahāyāna (voir chapitre 7 )*.

Pour néanmoins donner quelques éléments de réponse, on peut dire que la connaissance transcendante et l'expérience de la vacuité, dont nous venons de parler, sont la porte sur l'expérience que l'on peut appeler de « la plénitude de la vacuité ». Pour le *vajrayāna* la divinité est cette « plénitude de la vacuité », mais c'est un nom pour ce qui n'en a pas. En tout cas, pour le *dharma*, Dieu, ou plutôt la divinité telle qu'envisagée dans le *vajrayāna*, est non dualiste c'est-à-dire qu'elle n'est jamais « autre ». Avant de pouvoir comprendre la notion de divinité dans le *vajrayāna* il faut avoir une compréhension et mieux, une expérience, de la vacuité. Le point important est que cette plénitude ne peut « exister » qu'après le passage par la vacuité !

*Pourquoi le bouddhisme* vajrayāna *utilise-t-il des représentations de divinités ?*

Pour préciser la notion de divinité dans le *vajrayāna*, il est fondamental de bien distinguer deux ordres de réalité : la réalité relative et la réalité ultime. La divinité existe à ces deux niveaux.

La réalité relative, ou réalité d'apparence, est, comme le terme « relatif » l'exprime, une réalité d'ordre relationnel ou dualiste, celle dans laquelle nous sommes et expérimentons aujourd'hui. Les représentations de la divinité ou « divinité relationnelle » sont toujours de l'ordre de la réalité relative. Elles sont un symbole investi d'une influence spirituelle particulière car il véhicule dans sa forme quelque chose de la nature de ce qu'il représente au niveau de la réalité ultime.

Par-delà cette réalité relative, qui a un caractère fondamentalement illusoire, il existe ce que l'on appelle la réalité définitive, ultime. C'est l'expérience fondamentale de l'éveil qui survient lorsque tous les voiles et les conditionnements dualistes sont tombés. Au-delà de toute représentation c'est la nature même de la divinité, la « divinité ultime ».

Le *vajrayāna* est une voie rapide, s'il utilise ainsi des représentations de divinités c'est qu'elles offrent des possibilités de pratique qui, dans la dynamique spirituelle, sont particulièrement actives et efficaces. C'est ce que la tradition appelle des moyens adroits.

*Pour le* vajrayāna, *finalement la divinité n'existerait pas ?*

La divinité a une existence relative et ultime aux deux niveaux que nous venons d'évoquer.

Son existence relative est aussi réelle et aussi illusoire que le pratiquant qui médite sur elle.

Au niveau ultime, l'expérience non dualiste est la divinité elle-même. Elle est, comme nous l'avons dit, la « plénitude de la vacuité » : la vacuité est l'inexistence dualiste de la divinité ; et la plénitude de cette vacuité, son existence non dualiste. Son existence dans la non-existence fait qu'on pourrait dire paradoxalement qu'elle « existe » si elle n'existe pas !

*Les divinités seraient-elles les symboles d'une perfection que l'on porterait en soi-même ?*

Dans la perspective du *dharma,* la divinité ne nous est pas extérieure, son extériorité n'a de réalité que dans nos illusions. Elle est la nature pure de notre propre esprit, notre nature de bouddha. La divinité relative, relationnelle, est la représentation symbolique d'un aspect de notre nature de bouddha : cette nature de bouddha peut, dans une expression symbolique, être envisagée sous différents de ses aspects : la compassion, l'amour, l'intelligence immédiate de l'éveil, ils correspondent à différentes divinités dont les pratiques sont autant de portes d'accès à une même réalité qui est l'éveil en lui-même.

En fait, nous portons la divinité en nous, et il s'agit, par la pratique, de la découvrir. Elle est notre nature fondamentale.

*Une pratique très importante dans le catholicisme est la prière. Est-ce qu'elle existe aussi dans le bouddhisme ?*

Oui, elle est présente dans les différents aspects du *dharma* et particulièrement dans le *vajrayāna*. Dans le cadre de certaines pratiques, les pratiquants se tournent vers un aspect du bouddha, une divinité, en utilisant une formule, une prière. Mais cette requête n'est pas du tout une demande faite à une personne dans un sens anthropomorphe tel que nous l'avons décrit précédemment. Il est clair que la prière n'y est pas une conversation avec Dieu. On ne lui formule pas une question et n'entend pas une réponse. Une telle pratique « d'interrogation de Dieu », « de concertation avec Dieu », est sans doute un bon moyen de réfléchir et de faire appel à son intuition, mais pour le *dharma* ce n'est pas la véritable prière. Dans ce genre de conversation, l'interlocuteur n'est pas Dieu mais en fait nous-même. Notre ego converse avec lui-même, il fait les questions et les réponses. Ce genre de prière est une façon assez humoristique de le diviniser !

Dans le *dharma*, la prière est l'expression d'un mouvement d'abnégation de l'ego, d'abandon et d'ouverture de son esprit à ce qui le dépasse.

*Mais alors, peut-il y avoir une réponse à une telle prière ?*

Dans l'ouverture dont nous venons de parler, il y a une « réponse ». Mais cette « réponse » de la divinité n'est pas intentionnelle et délibérée, la considérer comme telle serait une forme d'anthropomorphisme subtil. Cette « réponse » est spontanée et non intentionnelle : lorsque l'esprit du pratiquant s'expose à la divinité et à son influence spirituelle, celle-ci a naturellement un pouvoir transformant. Il fait mûrir l'esprit du pratiquant et se réaliser ses souhaits conformes au *dharma*.

Pour illustrer cette notion de prière et d'influence spirituelle, on utilise souvent l'image d'une maison qui représente l'esprit du pratiquant. Le geste de la prière consiste à s'ouvrir comme on ouvrirait portes et fenêtres. L'influence spirituelle est la luminosité et la chaleur du soleil. En fait, la divinité et son influence spirituelle sont là depuis toujours mais, d'ordinaire, nous y sommes fermés. En ouvrant les portes et les fenêtres de notre esprit, nous sommes pénétrés par cette lumière et ce rayonnement qui nous éclairent et nous réchauffent. Dans l'image, la chaleur correspond à l'amour et à la compassion, et la lumière à l'intelligence, la sagesse. C'est ce que l'on appelle : recevoir une influence spirituelle, au travers de la prière.

*Comment voyez-vous alors la notion de relation personnelle si importante dans le catholicisme ?*

Dans le *vajrayāna*, la relation de personne à personne, entre la divinité et le méditant, est le point de départ de la pratique d'une divinité. C'est le contact qui existe, au niveau relatif, entre une personne symbolique : la divinité relationnelle, et une personne illusoire : nous-même. La pratique qui se fait en relation avec cette personne symbolique évolue au fur et à mesure que le pratiquant progresse dans son cheminement spirituel. L'esprit du pratiquant s'ouvre de plus en plus à la divinité : celle-ci vit de plus en plus en lui et il vit de plus en plus en elle. Entre le sujet et l'objet, entre le pratiquant et la divinité se crée une transparence en laquelle la dualité de l'Autre divin et du moi s'atténue. Les deux pôles de la relation personnelle deviennent de plus en plus transparents l'un à l'autre. La forme du symbole se dissout peu à peu pour laisser transparaître la nature de la divinité. La représentation personnelle révèle progressivement la vacuité-plénitude qu'elle représente. Finalement, la relation de personne à personne devient de « personne à personne » au sens où il n'y a plus « quelqu'un » en face de « qui que ce soit d'autre ». Il y a dépassement de la relation et de la dualité.

*En tant qu'êtres humains, nos facultés sont limitées et notre entendement a besoin de représentations pour compren-*

*dre certaines notions spirituelles. Comment savoir si les symboles que l'on nous propose sont valables ? Comment éviter l'idolâtrie ?*

L'authenticité d'une tradition, telle que nous en avons parlé, est la garantie de la valeur des moyens qu'elle propose. Quant à l'idolâtrie, elle consisterait à prendre les représentations de la divinité pour la divinité elle-même. Il faut bien la distinguer de la pratique juste faite avec un symbole. Dans celle-ci, le symbole est considéré comme tel et la pratique associée à celui-ci intègre une dynamique qui permet de dépasser la forme du symbole pour accéder à la réalité qu'il symbolise. Le symbole a une fonction opérative : médiatrice et transformante.

Considérer une représentation comme ultime serait l'erreur absolue. Prises comme définitives les représentations symboliques ou langagières sont une impasse irrémédiable.

*Quelle serait alors la juste place des formes ?*

Si l'ultime est bien au-delà des formes, son approche nécessite pourtant des représentations et des formes. Les formes et les représentations sont des moyens indispensables pour arriver à l'éveil. C'est à partir des formes que l'expérience sans forme peut se développer.

Mais en même temps, les formes ne sont que des moyens, des indications qui pointent vers l'ultime, ce sont des supports ou des sortes de tremplins qui permettent d'y accéder.

On dit souvent : « Il n'y a que les sots pour prendre le doigt qui montre la lune pour la lune ». Prendre le doigt qui montre la lune pour la lune serait prendre les indications pour ce qu'elles indiquent, ce serait un aspect de l'idolâtrie dont nous venons de parler.

## CHAPITRE 4

# MOTIVATIONS ET DIRECTION SPIRITUELLE

*Dans quel état d'esprit devrait-on entamer une démarche spirituelle ?*

D'abord une prise de conscience de notre situation, avec ses possibilités et ses problèmes, telle que nous en avons parlé *(chapitre 1)*, est fondamentale. Ensuite, les motivations particulières pour commencer une démarche spirituelle peuvent être extrêmement variées, elles sont propres à chacun d'entre nous et différentes car nous arrivons d'horizons différents. Néanmoins, d'une façon générale, nous cherchons à résoudre certains problèmes ou à trouver le bonheur. Ainsi la motivation initiale souvent ne vise pas l'éveil ultime, mais simplement une envie de mieux-être. C'est l'aspiration à un meilleur mode de vie, à un état d'esprit plus paisible et plus heureux, à se libérer de l'emprise des émotions, à un état de conscience plus clair et plus dégagé... C'est une première étape, tout à fait légitime et normale, bien que limitée.

L'étape suivante est un élan vers l'éveil qui dépasse un simple désir de bonheur contingent. C'est une aspiration, non plus à une amélioration personnelle, mais au dépassement des limites individuelles.

L'étape finale est ce même élan, mais animé d'une motivation résolument ouverte sur le monde et sur les autres. Dans cette perspective, on n'entreprend plus une démarche spirituelle pour notre intérêt personnel mais en fonction de ce qu'elle peut apporter à autrui. Cette motivation va jusqu'à renoncer à sa propre libération tant qu'il existe encore des personnes qui souffrent dans les existences conditionnées. C'est ce que l'on appelle la motivation du bodhisattva.

Ces différents stades ne s'excluent pas les uns les autres. Ils correspondent à une évolution, à la progression d'une motivation extérieure vers une motivation de plus en plus intérieure. C'est la transformation d'une aspiration personnelle en une motivation altruiste.

*Comment un bouddhiste développe-t-il cette motivation que vous appelez de bodhisattva ?*

D'abord, « bodhisattva » est un mot sanscrit qui signifie « celui qui a la vaillance de s'éveiller », un bodhisattva est donc une personne qui a le courage de se dépasser pour s'ouvrir aux autres et au monde dans une attitude de compassion authentique.

Le cheminement du *mahāyāna*, le *dharma* dit du « grand véhicule » ou « voie ouverte », se fonde sur le vœu de bodhisattva, qui est la déclaration solennelle de notre intention à cheminer sur la voie des bodhisattvas et à tendre vers leur idéal. En prenant ce vœu, on devient apprenti bodhisattva.

La naissance de cette aspiration part de la découverte de la possibilité d'être bodhisattva, de vivre en bodhisattva ; elle demande une profonde confiance en la possibilité même de ce cheminement. Cette confiance peut naître de la perception que nos problèmes et nos souffrances viennent des luttes passionnelles de notre ego, et qu'au-delà de celui-ci, est présente la nature de bouddha.

Le comportement égotique habituel est une attitude fermée, de protection et de défense, d'une part, de possessivité et de captation, d'autre part. Cette attitude consiste à toujours prendre et garder pour soi ce qui est jugé bon et à exclure ce qui est jugé mauvais. Elle repose sur les craintes de l'ego qui lutte continuellement pour se défendre et posséder. Dans son attitude de peur, il se replie sur lui-même, s'enferme dans un cocon.

Pour nous engager sur la voie du bodhisattva, nous avons besoin d'avoir confiance en la possibilité de vivre, de travailler, d'aimer, d'être, autrement que dans cette attitude de défense, de protection, de peur et de possessivité. Il nous faut être confiants en la possibilité de nous ouvrir largement à la vie, aux autres, et au monde, d'ouvrir le cocon de notre ego. Pour cet ego, ce peut être une perspective terrifiante, c'est pourquoi un bodhisattva a besoin de courage et de vaillance, mais c'est ce qu'on fait tous les bodhisattvas. Il est extrêmement important de s'entendre dire que c'est possible. C'est fondamentalement possible, parce qu'au-delà de notre ego, nous avons déjà, en nous, la nature de bouddha. C'est en nous ouvrant aux autres, en dépassant notre territoire égotique et ses systèmes de protection que nous nous libérons du carcan de notre ego, et finalement accédons à notre nature de bouddha. Cette ouverture est le sens profond de la compassion.

*Mais alors comment développer cette ouverture ?*

Cette ouverture part d'une attitude de don, de générosité fondamentale. Le don est la première des six « perfections », c'est-à-dire des six pratiques essentielles du *mahāyāna*. Mais il ne nous est possible de donner, et d'accepter d'abandonner, qu'en dépassant notre mentalité de pauvreté. Habituellement, nous n'osons pas donner car nous nous sentons pauvres et par là même sommes avides. Plutôt que de donner, nous cherchons à prendre n'importe où un petit peu de gratifications, de protection, d'amour, de richesses ; et cette tentative, qui devient vite frénétique, nous amène finalement encore plus de frustrations.

Il faut donc développer de la confiance en sa richesse fondamentale, la nature de bouddha ; puis, d'une façon ou d'une autre, il faut être touché par autrui et découvrir qu'on a quelque chose à donner, qu'on peut donner. On accepte alors de donner, de se donner, de donner de soi, même si dans un premier temps ce qui est donné est peu de chose et si le don est difficile. Ensuite, la générosité d'un bodhisattva apprend qu'il est possible de donner de plus en plus, et que c'est même en donnant, et en se donnant, qu'on s'enrichit fondamentalement. C'est en comprenant cette possibilité que nous dépassons les peurs et les hésitations de l'ego qui cherche toujours à prendre, à obtenir plus de chaque être et de chaque situation. De plus en plus, nous pouvons cesser de lutter pour nous protéger, et accepter d'être exposés.

L'attitude du bodhisattva est ainsi fondée sur l'ouverture, le don, la générosité et l'accueil, rendus possible par la découverte de notre nature de bouddha.

*Et cette attitude de bodhisattva, comment se pratique-t-elle ?*

L'attitude d'un bodhisattva s'appelle « *bodhicitta* », terme qui signifie « attitude d'esprit pour l'éveil ».

C'est une aspiration à œuvrer pour le bien de tous les êtres. Elle trouve son application pratique dans les situations quotidiennes, elle ne reste pas simplement une motivation. C'est ainsi que l'on distingue deux types de *bodhicitta* : « *bodhicitta* en aspiration » ou d'intention, qui est la motivation ; et ensuite, « *bodhicitta* pratique » qui est l'application de cette motivation dans les actes. Il y a entre les deux le même rapport qu'entre le désir de se rendre en Inde par exemple et le voyage lui-même. L'envie de se rendre dans ce pays correspond à *bodhicitta* d'aspiration ; organiser et accomplir le voyage correspond à *bodhicitta* pratique.

A son tour, *bodhicitta* pratique a deux niveaux : ultime et relatif. *Bodhicitta* ultime est expérience immédiate, alors que *bodhicitta* relative est compassion et amour. Les deux s'exercent dans les six perfections, les six vertus essentielles d'un bodhisattva *(développées dans le chapitre 7)* : le don, la discipline, la patience, l'énergie, la méditation et la connaissance transcendante.

### *Que demande un véritable engagement spirituel ?*

Une remise en question de nos valeurs, de nos priorités, et surtout de nous-mêmes ; il s'agit de dépasser nos a priori et nos conditionnements. Au début, il est évident que nous avons tous des idées préconçues sur ce qu'est ou n'est pas un cheminement. Ces concepts personnels se transforment graduellement. Si nous nous sommes imaginé la pratique comme une opération de prestidigitation qui va nous transformer, d'un coup de baguette magique, de notre état misérable à celui de surhomme, nous allons passer par l'expérience de la désillusion. Le cheminement demande de notre part des efforts et le guide n'est pas un magicien qui, d'un coup de baguette magique, nous métamorphose.

Le cheminement demande de nous transformer et personne ne le fera pour nous. Cela requiert de notre part une volonté et un engagement ferme, un investissement personnel sincère, intense, continu et complet. Nous pourrons le faire si nous comprenons que c'est la chose la plus importante de notre vie.

### *Comment distinguer une bonne d'une mauvaise voie ?*

C'est un problème extrêmement important et délicat car l'Occident a aujourd'hui un véritable « supermarché spirituel » encombré de « produits » extrêmement variés dont beaucoup ont comme dénominateur commun d'être destinés à la vente. Leur propos est souvent simplement de dégager des bénéfices. Nous l'avons déjà évoqué un peu précédemment.

Dans ce domaine, le discernement est d'autant plus difficile qu'on le fait de l'extérieur. Quand on se pose la question du choix d'une voie, on n'a pas encore les références et les points de repère qui permettraient ce discernement. On peut néanmoins juger l'arbre à ses fruits en regardant l'évolution des gens qui suivent ces différents cheminements.

Il est sage avant tout de se tourner vers une tradition qui a fait ses preuves. *(Voir chapitre 2.)* Mais, pour le critère fondamental : si la pratique d'une voie nous rend moins égotique, diminue nos émotions et nos attitudes conflictuelles, si elle développe en nous compassion et amour, ce sont les signes d'une bonne voie. Si, à l'inverse, en la pratiquant, nous avons plus de comportements passionnels et plus de confusion, il faut alors remettre en question notre engagement en celle-ci.

*Vous dites que, si une voie spirituelle développait nos tendances égotiques et conflictuelles, nous devrions l'abandonner. Es-ce que cela veut dire que cette voie est mauvaise par elle-même ou plutôt qu'elle n'est pas adaptée à notre propre recherche ?*

Si une pratique spirituelle nous aide à mieux vivre, à avoir une relation moins passionnelle et plus ouverte aux autres et au monde, c'est une bonne chose. Sinon, il est nécessaire de la remettre en question. Il ne s'agit pas de juger la voie elle-même. Nous sommes des apprentis voyageurs et ne possédons pas, au départ, les critères qui nous permettraient de porter un avis. L'attitude la plus juste, en l'occurrence, est tout simplement d'admettre que cette pratique ne nous convient pas, n'est pas faite pour nous.

Si la pratique d'une voie ou la fréquentation d'un guide particulier n'amènent pas sagesse et compassion, laissez-les sans prendre parti. Ce serait une erreur de dire : c'est une mauvaise voie ou c'est un mauvais guide. Admettez simplement que la réaction chimique entre eux et vous ne fonctionne pas bien, c'est tout.

*Oui, mais souvent, après avoir esssuyé ce que l'on considère alors comme un échec, on peut devenir méfiant, entrer dans une période de doute et de confusion et ne plus oser emprunter une autre voie spirituelle pour ne pas risquer de connaître les mêmes déceptions...*

En fait, il est essentiel d'examiner attentivement une voie et un guide avant de s'engager vraiment. Par contre, une fois que l'on s'est engagé, il est indispensable d'être stable et persévérant. La voie spirituelle est une aventure, un voyage dans l'inconnu, qui nécessite de notre part du courage et beaucoup d'énergie car l'on y rencontrera des difficultés et des obstacles. L'intelligence, l'ouverture, la compassion et surtout beaucoup d'énergie nous permettront de les dépasser. L'intelligence permet le discernement. L'ouverture et la compassion amènent douceur et non-agressivité. L'énergie permet la continuité et la régularité de la pratique. Quel que soit notre cheminement, il passe toujours, à un moment ou à un autre, par des expériences difficiles. Au départ, nous avons toutes sortes d'idées préconçues et d'a priori ; au fur et à mesure que l'on avance, on se rend compte qu'un certain nombre des préjugés que l'on avait sont caducs. L'expérience de nos illusions est en fait une période de désillusionnement. On ne peut pas en faire l'économie. La perte des illusions est l'approche de la réalité.

*Vous auriez dit qu'il faut être « normalement névrosé » pour aborder une voie spirituelle. Qu'est-ce que cela veut dire : « être normal » ? Le* dharma *peut-il être utile à tous ?*

D'abord, nous sommes tous fous ! (rires.) Le seul état fondamentalement sain et véritablement normal est l'état d'éveil. Le « *samsāra* », « l'existence conditionnée », est folie, est illusion. Elle est illusion comme le conditionnement d'un rêve dont la fin est l'éveil (*voir l'exemple du rêve, chapitre 10*).

On est normalement névrosé quand on vit dans cet état de folie ordinaire. Les enseignements du *dharma* s'adressent à tous et peuvent être utiles à tous. Qui que nous soyons, nous pouvons trouver un grand bénéfice à leur pratique qui, dans tous les cas, nous offre des points de repères et des directives pour conduire et améliorer notre vie.

Pour un cheminement profond, un problème se pose avec la pratique de la méditation ; il se peut que l'on ait une névrose d'une telle acuité qu'elle récupère et dévie notre pratique. Normalement, la pratique intègre et transforme les névroses et les dissout. Cependant, dans certains cas pathologiques, il est possible que l'intensité du déséquilibre soit telle qu'il l'emporte sur les possibilités de la pratique. Celle-ci est alors récupérée comme thème d'élaboration pour toutes sortes de délires et d'attitudes pathologiques. Dans ce cas, il est important, avant d'entamer la pratique de la méditation, de passer par un travail psychothérapique qui permette, par une méthode adaptée au problème, de dégrossir le terrain afin de rendre possible, par la suite, une véritable pratique méditative.

*Et qu'est-ce que la folie pour le* dharma ?

On a tendance à déclarer fous ceux qui sont différents de nous, ceux qui ne sont pas dans nos « normes ». Il y a bien sûr les gens pathologiquement anormaux, prisonniers de leurs « sur-conditionnements » qui, en plus des conditionnements communs, en ont d'autres, plus spécifiques et aberrants. Mais il peut y avoir aussi certains êtres réalisés « anormaux », fous de par leur sagesse. Si, « la sagesse des hommes est folie au regard de Dieu », réciproquement : « la sagesse divine est folie au regard des hommes ordinaires ». La vraie sagesse n'est limitée ni par les conventions ni par les présupposés. Son expression directe peut prendre parfois un aspect inhabituel, non conventionnel, en dehors des normes ordinaires. C'est ce qu'on appelle quelquefois la sagesse folle.

*Des gens considérés comme fous au sens commun ne sont pas exclus définitivement de toute démarche spirituelle ?...*

Non, ils n'en sont pas exclus car nous avons tous la nature de bouddha. Ils peuvent, dans la mesure de leurs possibilités, utiliser les enseignements du *dharma* pour gouverner leur existence. Le problème, c'est qu'ils ont moins de capacité à se comporter d'une façon raisonnable dans la vie quotidienne. Ce sont des situations difficiles, et de telles personnes, si elles sont gravement atteintes, ne jouissent pas d'une condition humaine dotée de toutes les capacités nécessaires pour pouvoir effectuer un cheminement spirituel profond. Celui-ci se trouve alors retardé.

*Le* dharma *a-t-il ses propres outils pour aider ces personnes ou faut-il faire appel à d'autres méthodes ?*

Pour les personnes qui ont des problèmes extrêmes, comme ceux évoqués ci-dessus, il est nécessaire d'avoir une assistance et des moyens thérapeutiques adaptés à leurs difficultés. Une approche médicale de type occidental est bonne.

Le *dharma* peut aussi les aider : le seul fait d'être exposé à l'enseignement, même si l'on n'a pas la possibilité de le comprendre, établit un lien subtil qui pourra amener ultérieuurement un mieux. *(Sur les rapports entre* dharma *et psychothérapie voir le chapitre 10.)*

*Nous avons vu qu'il existe différentes traditions authentiques. Si on a du mal à se décider, peut-on en suivre plusieurs à la fois ?*

On peut tirer certains bénéfices superficiels de la pratique de différentes voies spirituelles. Mais un véritable cheminement spirituel est un apprentissage qui demande une méthode de travail, donc obligatoirement le choix de moyens cohérents pour y arriver. Il nécessite un engagement profond dans une voie spécifique, avec un guide précis.

L'ascension nécessite de choisir une voie, il n'est pas possible de l'effectuer en empruntant plusieurs sentiers à la fois !

Au début, il faut bien sûr s'interroger sur la voie qui nous convient le mieux, en prenant pour base les critères d'une tradition authentique et complète et en considérant nos affinités avec cette tradition, et au sein de celle-ci avec tel ou tel guide. Nous examinons et éventuellement faisons un test préliminaire. Cependant, pour aller plus loin, il est nécessaire de se consacrer pleinement à la pratique d'une seule voie. Les résultats sont proportionnels à la capacité à s'y adonner sans réserve. C'est une condition nécessaire pour en retirer de véritables bienfaits profonds. Finalement, ce sont ceux qui se donnent complètement qui reçoivent tout.

*Le guide spirituel est une donnée essentielle dans une voie spirituelle. Dans ce domaine les gens manquent en général de références, alors quelle est l'utilité d'avoir un maître et comment le choisir ?*

Le guide est celui qui permet d'éviter les errances. Il ne fait pas le chemin pour nous, mais il nous aide comme un guide de montagne qui sait lire une carte et connaît bien l'ascension. Dans le cas présent, la carte est l'enseignement, le guide sait la lire et a l'expérience des sentiers que nous allons suivre. Son rôle est de nous diriger, sa fonction est un peu celle d'un miroir : il nous montre tels que nous sommes, nous renvoyant à nous-même notre propre confusion et notre propre sagesse. Il est indispensable d'avoir un guide compétent en qui l'on puisse avoir profondément confiance, elle permet de suivre ses conseils d'une façon précise et entière.

*Comment choisir ce guide ?*

Nous avons déjà parlé de l'importance de son enracinement dans sa tradition : un guide compétent est l'héritier des connaissances et du savoir-faire de sa tradition et il doit en avoir eu, par la pratique, une expérience intérieure profonde. Sa réalisation s'exprime par une attitude non égotique et une vie dédiée aux autres. Il faut aussi qu'il soit désintéressé et qu'il n'occupe pas cette position pour le pouvoir qu'elle lui donne, dans un but matériel ou honorifique. Il doit vivre en accord avec ses paroles. Ces repères permettent déjà de s'y retrouver et peuvent aider à faire le choix d'un guide.

*Vous parlez de désintéressement ! C'est un point important, en effet. Est-il normal, par exemple, qu'un maître spirituel roule en voiture de luxe ou mène un train de vie élevé ?*

Le maître spirituel doit être désintéressé, ne pas rechercher l'argent ou les honneurs. Maintenant, le seul fait d'avoir une voiture, même de qualité, n'est pas en soi un critère de disqualification. Ce n'est pas en soi un mal. Si ce dont il jouit n'est pas l'objet d'une recherche, lui est offert et qu'il ne s'y attache pas : il n'y a pas de contre-indication. Par contre, s'il vient à accumuler propriétés et biens de toutes sortes et qu'il manifeste des signes de possessivité ou d'attachement à la richesse, cela devient très inquiétant.

### *Comment considérer les biens matériels et l'argent ?*

Le bon usage des richesses matérielles et l'attitude juste par rapport à l'argent sont un sujet délicat. L'argent et la richesse ne sont pas mauvais, ils peuvent même être bons, au sens où ce sont une force. Tout dépend de la relation que l'on a à cette force et de l'usage que l'on en fait. Elle peut aider à mieux vivre et à aider autrui. Par contre, si elle nous domine, nous asservit ou sert à dominer les autres et à satisfaire son ego, elle a un effet pervers. C'est une énergie qui, suivant la manière dont elle est utilisée, devient bonne ou mauvaise : comme toutes les énergies puissantes, elle est dangereuse. Elle est particulièrement fascinante pour l'ego : elle lui donne la possibilité d'assouvir ses désirs, elle le nourrit et le fait briller, toutes choses dont il raffole ! Autour de l'argent tourne une multitude de passions et d'inflations de l'ego. Aussi, vis-à-vis des richesses, cultiver une attitude de non-attachement authentique et strict est essentiel. C'est un grand signe de santé spirituelle.

*Peut-on aussi reconnaître un maître par les rapports qu'il entretient avec ses disciples ? Certains ont quelquefois des comportements surprenants voire violents ?*

L'attitude d'un maître authentique est comparable au miroir dont nous avons parlé, elle est fondamentalement non agressive et non interventionniste. C'est toujours l'étudiant qui doit aller à la recherche du guide et de ses enseignements, le comportement de celui-ci est une réponse à sa demande. Le guide qui imposerait autoritairement son enseignement et sa façon de voir ferait en fait imposition de son ego.

Cependant, le maître est parfois amené, pour faire disparaître une illusion, à trancher de manière vive. Si une tumeur maligne se développe, il faut savoir opérer l'ablation.

La relation à un guide varie selon ses qualités et notre avancement sur la voie. Il y a une progression qu'on peut schématiser en trois phases : au départ, il est considéré comme un professeur, il y a transmission d'un savoir et d'une certaine expérience. Dans un deuxième temps, cette relation peut s'approfondir et devenir un lien d'amitié spirituelle, c'est-à-dire une attitude de rencontre intime d'esprit à esprit. On s'ouvre à lui sans réserve et on n'a pas peur de communiquer totalement. C'est l'installation d'une véritable confiance. Le troisième niveau est constitué par la pleine relation de maître à disciple dans laquelle on bénéficie d'une direction spirituelle directe, précise et sacrée.

Ces trois étapes correspondent en fait à celles de la progression du *hīnayāna* au *mahāyāna* et enfin au *vajrayāna*, les trois étapes de la progression dans le *dharma (voir chapitre 6)*.

*Quels sont les dangers qui guettent ceux qui décident de se confectionner eux-mêmes leur propre voie spirituelle ?*

Beaucoup de gens estiment, souvent d'ailleurs à juste titre, que : « les grands maîtres des différentes traditions disent finalement la même chose ! ». C'est rassurant et sans doute un indice que la vérité est une. Malheureusement beaucoup utilisent cette unité finale et théorique des voies pour justifier une absence d'engagement personnel réel et se cantonner dans l'attitude de touristes spirituels que nous avons évoquée précédemment. Ce n'est pas parce que toutes les professions ont pour but de gagner de l'argent qu'il faut se dispenser de travailler ! (rires.) Il convient, certes, de reconnaître l'unité finale des différentes voies, ce qui permet de garder un esprit dégagé de tout sectarisme mais, en même temps, il est nécessaire de s'engager résolument dans une voie déterminée.

Les progrès faits sur la voie dépendent de la cohérence et du suivi de l'apprentissage que l'on y fait. Pour donner un exemple de la nécessité de cohérence : on peut apprendre les mathématiques, la physique ou n'importe quel autre sujet que ce soit, en français, en anglais, en japonais ou en russe. Chacune de ces langues a une cohérence interne qui lui permet de véhiculer un message clair et précis. Par contre, étudier quoi que ce soit en les mélangeant : avec des phrases faites en accolant un mot de français, un de russe, un de japonais et en alternant les syntaxes, aboutirait à la plus grande incohérence et confusion. C'est la situation dans laquelle se retrouvent ceux qui mélangent différentes traditions. Chaque tradition a sa langue et ses méthodes propres, les mélanger dans ce qu'on peut appeler des cocktails spirituels est facteur de dispersion et de confusion.

*Qu'entendez-vous par cocktail spirituel ?*

Beaucoup de personnes qui ont lu de nombreux livres font un « savant mélange bien dosé ». Ils essaient, à partir de « leurs » lectures, de se constituer « leur » voie, disant volontiers qu'ils n'ont besoin de personne pour les enseigner, qu'ils peuvent s'instruire eux-mêmes, et qu'ils sont assez intelligents pour discerner eux-mêmes ce qui leur convient. C'est d'ailleurs vraisemblable dans beaucoup de domaines. Malheureusement, dans le cheminement spirituel être ainsi autodidacte revient finalement à être « ego-didacte », ce qui est une position impossible quand il s'agit précisément de dépasser l'ego. Il ne peut diriger sa propre disparition, d'autant plus qu'il n'a aucune envie de disparaître ! Les aspirations de ces personnes sont généralement sincères, mais leur approche est fondamentalement erronée. Cette attitude manque surtout d'humilité et de réalisme. Ceux qui suivent une telle démarche se composent chacun leur petite salade spirituelle, leur « cocktail spirituel ».

*Pourriez-vous nous donner un exemple ?*

Un « cocktail spirituel » consiste par exemple à prendre une dose de yoga, le yoga c'est bon pour le corps, pour la santé et l'équilibre, mais c'est peut-être un peu limité. On lui adjoint donc un peu de méditation, *zen* par exemple, parce que dans le *zen* il n'y a pas de forme, on est au-delà de la pensée : sans forme, sans rien, c'est direct... mais le *zen* seul est une voie quelque peu aride ; on la tempèrera avec un peu d'amour, l'amour, quand même, c'est important ! On rajoute alors, surtout si on a un *background* catholique, une dose d'amour christique. Et puis, on n'oublie pas qu'on a une formation occidentale moderne et que la psychologie peut aider et libérer les complexes... On corse donc le tout d'un petit peu de psychanalyse. Voilà, vous avez tous les ingrédients d'un bon cocktail, vous n'avez plus qu'à bien mélanger le tout et à servir dans « l'ici et maintenant » ! (rires.)

Je ne veux pas dire que ce genre de cocktail n'ait aucun intérêt. Si vous trouvez une vérité dans le yoga et si cela vous aide à mieux vivre, parfait ! Si la psychanalyse vous aide à être plus épanoui, parfait ! Et si le mélange du tout est gratifiant et vous permet d'être plus heureux, parfait encore ! La réserve, par contre, est que cette mixture n'est pas une voie spirituelle qui puisse conduire à la réalisation véritable. Peut-être vous aidera-t-elle temporairement à mieux vivre, ce qui n'est pas négligeable, mais une telle démarche est fondamentalement limitée. Si l'on en reconnaît humblement les limites étroites, il n'y a pas de problèmes, par contre, ceux-ci commencent lorsque l'on érige cette mixture en un ersatz de religion et la prend pour une voie spirituelle authentique. Le problème est d'autant plus grave que non seulement on s'illusionne sur l'authenticité de la démarche, mais cette illusion a en plus un caractère pernicieux car elle nous ferme à la possibilité d'un cheminement dans une voie véritable.

Faites attention ! En plus des recettes personnelles que chacun peut se concocter, on rencontre aussi beaucoup de cocktails spirituels en vente dans le supermarché contemporain des techniques psycho-spirituelles.

*N'y a-t-il pas le danger d'une attitude exclusive ?*

La mise en pratique de ce que nous avons dit précédemment sur la façon de considérer les différentes voies spirituelles *(voir chapitre 2)* garantit de toute attitude exclusive ou sectaire. Mais, ne pas être sectaire ne doit pas signifier manquer de discernement et accepter n'importe quoi. Quand nous disons qu'il ne faut pas faire de mélange, cela ne signifie aucunement d'être fermé à d'autres formes d'expression mais de s'en tenir, pour sa pratique personnelle, à une approche bien précise et cohérente.

Les traditions authentiques ont toutes pour but suprême d'apporter la compassion et la sagesse aux hommes. Si on les perçoit dans cette perspective, il n'y a entre elles ni opposition, ni antagonisme ou concurrence. Pour autant que leurs responsables adoptent cet esprit, elles peuvent s'entraider vers leur but commun. Cette façon de voir demande d'admettre qu'une tradition autre que la sienne puisse être un chemin qui convienne mieux à d'autres personnes.

Tout en ayant cette ouverture d'esprit, il est essentiel de suivre une voie spécifique et de la pratiquer complètement.

CHAPITRE 5

# EGO, CONSCIENCE ET TRANSMIGRATIONS

*La notion d'ego semble être une donnée importante dans le bouddhisme, qu'entendez-vous par ego ?*

C'est le « Moi », le « je », le sentiment d'exister comme un individu indépendant avec les relations qui dérivent de cette impression. L'expérience d'ego est de vivre toute perception par rapport à cet observateur, ce sujet : « moi, je ».

L'ego a une appétence fondamentale, qui est un désir d'existence et de plaisir. Cette appétence se traduit en pulsions qui agressent « ce qui lui est autre » en termes : de possession, d'exclusion et d'indifférence. Ce fonctionnement de l'ego se manifeste ainsi par des attitudes passionnelles : d'attraction, de répulsion ou d'indifférence, développées face aux personnes, aux choses, ou aux situations auxquelles il est confronté. C'est : « je » veux ce qui est bon, « je » ne veux pas ce qui est mauvais, « je » ne veux pas être exposé à ce qui m'est indifférent. Ces appétits de l'ego le font s'engager dans toutes sortes de luttes pour obtenir ce qui lui est agréable et éviter ce qui lui est désagréable. Malheureusement et paradoxalement, sa lutte au lieu d'aboutir à ses fins lui crée : désagréments, conditionnements, et souffrances !

Ce fonctionnement de l'ego est notre conditionnement habituel dans lequel nous construisons notre propre souffrance.

*Mais alors, qu'est cet ego ?*

Fondamentalement, l'ego est une impression, rien qu'une impression : ce sentiment que l'on a « d'être » et « d'avoir » un ego ne repose sur rien. C'est simplement une impression, une illusion. En effet, l'ego n'est pas « quelque chose » qui aurait une existence indépendante et autonome mais un processus dynamique qui, dans son fonctionnement, produit le sentiment d'individualité. N'ayant pas d'existence propre on dit que l'ego est dépourvu, ou vide, d'existence propre. C'est-à-dire que cette impression n'existe que dans la combinaison des facteurs interdépendants qui la constituent.

*Pourriez-vous préciser un peu la nature de cette impression d'ego ?*

Les facteurs interdépendants qui constituent l'ego sont nombreux. Au départ l'ego est une polarité sujet-objet, dans laquelle, comme dans toute polarité, les deux pôles subsistent dans la relation qui les pose l'un par rapport à l'autre. Plus précisément, cette polarité qu'est l'ego se structure dans un processus de saisie, d'appréhension des expériences. L'esprit est en fait fondamentalement une fonction cognitive et c'est dans cette fonction cognitive qu'est l'esprit que vient se greffer la saisie de l'ego. Cette saisie constitutive de la polarité sujet-objet est une conception, une saisie conceptuelle. Ainsi, la conception conçoit le sujet et l'objet !

Il est significatif de remarquer que « conception » exprime simultanément l'action de concevoir et celle de donner naissance. On pourrait dire « le sujet se conçoit concevant l'objet qu'il conçoit » ! Il y a là matière à quelques paradoxes et méditations...

En tout cas la conception est un processus qui pose le sujet et l'objet l'un par rapport à l'autre, dans la dualité sujet-objet. Cette saisie génère au rythme de ses conceptions successives des instants de conscience conceptuelle, de conscience dualiste sujet-objet. Ces instants se succèdent rapidement et font naître simultanément l'expérience de séries « d'événements sujet » et « d'événements objet ». La fréquence élevée de ces événements donne l'impression d'une continuité du sujet et d'une continuité d'expérience, comme apparaît l'impression de mouvement continu du cinéma lorsque les images de la pellicule défilent suffisamment vite. C'est ainsi qu'apparaît l'impression de continuité du « moi-sujet » et de « ses expériences ».

La « continuité-sujet », n'ayant pas notion de la relation qui l'unit à la « continuité de ses expériences », se vit comme indépendante. L'impression d'ego individuel se développe, acquérant le sentiment d'être autonome et indépendante. Puis elle s'identifie à une forme avec un nom, se dotant d'un sentiment d'identité. Le nom parachève son impression d'exister. Elle se repère et se désigne alors comme : « Jean », « Marie ». Le label qu'est le nom finit de réifier l'ego. Tout ce processus constitue quelques aspects de la nature de la perception de l'ego.

Décrit ainsi cela paraîtra abstrait et théorique, mais c'est quelque chose que l'on découvre concrètement dans l'expérience de la méditation assise. Cette expérience a un pouvoir libérateur des illusions de l'ego.

*Cet ego n'est-il pas notre ennemi principal ? Comment faut-il le combattre ?*

Une mauvaise compréhension de la nature de l'ego peut nous faire considérer celui-ci comme un « ennemi » à détruire. Ce n'est pas la bonne attitude, d'abord parce qu'il n'y a pas à détruire quelque chose qui n'existe qu'illusoirement, mais simplement à reconnaître son illusion. De plus, dans un tel combat, qui lutterait contre l'ego si ce n'est pas « Moi, je » donc l'ego lui-même ? Cela reviendrait à essayer de terrasser son ombre. Plus on tente de nier l'ego ou de le combattre agressivement, plus on renforce son agitation et par là aussi sa puissance. Il s'agit d'être réaliste : nier l'ego ou refuser d'avoir des passions serait illusoire. Il ne s'agit donc pas de s'engager dans une lutte, au lieu de résoudre les difficultés cela les renforcerait. Il convient plutôt de se réconcilier avec soi-même et ainsi d'abord d'accepter l'ego avc ses passions. Cette acceptation permet ensuite de travailler avec lui, et finalement de le dépasser par la réalisation de sa nature.

Bien sûr, accepter l'ego et ses émotions ne signifie pas s'y complaire et abonder dans leur sens. La réconciliation avec soi-même, l'acceptation de l'ego, permet de travailler sur celui-ci. Il devient la matière première du travail non violent, non agressif, qu'est la méditation. Elle va nous permettre de transformer nos attitudes passionnelles et, finalement, de les dissoudre.

*Revenons à cette conscience dont la continuité des instants donne l'illusion de l'ego individuel, comment naît-elle ?*

Le *dharma* explique la formation de l'ego par celui de ses cinq constituants appelés en sanscrit « *skandha* ». On peut les expliquer comme cinq étapes :

Avant la naissance de l'ego, au départ, l'esprit dans l'instant premier est le terrain fondamental de l'énergie pure non dualiste, sans connaisseur ni connu, ouvert et dégagé, sans centre, ni périphérie, comme l'espace. La naissance de l'illusion est d'abord celle d'une différenciation : l'espace se met à être perçu, commence à exister comme quelque chose pour une observation qui le perçoit, une distinction naît. C'est le début de la scission : sujet-objet, la naissance de la dualité.

En fait, cette différenciation initiale peut se constituer par rapport à n'importe quel point de référence dans les domaines des différentes facultés sensorielles : visuelle, auditive, olfactive, gustative tactile ou mentale. Cette référence première est appelée « forme ». C'est le premier niveau de l'ego : le *skandha* de la forme.

Une forme visuelle est n'importe quelle représentation du domaine visuel, par exemple, l'espace indéfini mais distinct, ou un morceau d'espace délimité, un contour, une référence visible quelle qu'elle soit. Mais à ce niveau initial, c'est une expérience nue, dépouillée de concept et de tout jugement. C'est une vision toute simple et silencieuse. Une forme sonore serait une vibration avant que cette résonance soit reconnue, avant même que l'on ait pris par rapport à elle une position qualifiée, et avant qu'elle ait été nommée, identifiée, et qu'elle ait pris un sens particulier.

La seconde étape est ce que l'on appelle le *skandha* de la sensation. Il s'agit d'une prise de position par rapport à l'expérience initiale de forme. Celle-ci est maintenant sentie comme positive, négative ou neutre. Il y a ainsi des sensations agréables, désagréables ou indifférentes. La sensation est simplement ce positionnement, cette première impression.

La troisième étape fait intervenir l'identification. C'est-à-dire que la forme qui a été sentie est maintenant reconnue. Il lui est donné un nom : « fleur » ou « cloche », ou quoi que ce soit. Il y a

« nomination » ou conceptualisation. La sensation prend alors un sens. C'est le *skandha* de la perception.

Ensuite, à la quatrième étape il va y avoir une réaction devant cet objet identifié, devenu porteur d'un sens qui suggère une action ou une réaction. Il s'instaure une relation avec cette forme sentie et identifiée. Cette relation est conditionnée par différentes tendances ou « facteurs mentaux » latents. Ces facteurs sont les éléments qui animent volonté et impulsions. C'est le *skandha* des « formations mentales », ou *skandha* de la « motivation ».

Il y a ainsi une situation en laquelle une forme a été sentie, nommée, a acquis un sens, par rapport auquel prend place une réaction ou une action.

L'observateur, le témoin de la situation qui s'est ainsi mise en place, s'est développé et structuré dans les quatre premiers *skandha*. Sa fixation sur cette situation comme « son » expérience finit de le solidifier. Il s'approprie complètement l'expérience, et il en résulte un état de conscience pleinement constitué. L'ego est, et vit, dans le monde particulier qui s'est ainsi constitué et qui est devenu un état de conscience complètement organisé. C'est la cinquième étape, le *skandha* de la conscience.

Cette structuration de l'ego par la formation des cinq *skandha :* forme, sensation, perception, motivation, et conscience, se répète d'instant de conscience en instant de conscience. Chacun de ces instants subsiste très brièvement puis disparaît, suivi par l'apparition d'un autre instant de conscience. A la fin de chacun de ces instants, il y a une sorte de dissolution ou de mort de l'ego et de ses constituants et au début de chacun d'eux il y a agrégation, naissance de ceux-ci. Il y a ainsi en permanence agrégation et désagrégation de l'ego ; structuration, déstructuration et restructuration. Le phénomène se reproduit sans cesse. C'est ainsi que fonctionne l'ego. Ce processus d'agrégation et de désagrégation, de naissance et de mort, constitue chaque instant de notre vie.

*Ce processus d'apparition et de dissolution des instants de conscience dont vous parlez comme d'un cycle de naissances et de morts nous amène à parler de réincarnation...*

Il y a beaucoup d'idées erronées en Occident sur ce que vous appelez la « réincarnation ». Tout d'abord on peut faire remarquer que le terme réincarnation n'est ni vraiment approprié ni d'ailleurs celui utilisé traditionnellement. Le concept de réincarnation véhicule une idée matérielle, littéralement de « retour dans la chair » qui est étrangère à l'idée traditionnelle. On parle plutôt de renaissance ou de transmigration.

Pour le *dharma,* la renaissance est un processus spirituel qui n'implique pas forcément la présence d'un corps matériel et qui ne dépend pas obligatoirement de la disparition éventuelle de celui-ci. Il y a une succession de naissances et de morts tout au long de nos existences. De naissance en mort et renaissance, il y a une continuité d'expériences. La conscience peut faire l'expérience de situations existentielles, de « mondes » extrêmement variés, elle peut migrer, transmigrer, dans différents « mondes » qui sont : humain, supra ou infra humain. Il ne faut pas avoir une image caricaturale de la renaissance dans laquelle la conscience dont nous avons parlé deviendrait synonyme d'âme et serait une entité qui passerait d'un corps au suivant. C'est une vision simpliste héritée en grande partie de conceptions théistes. Elle ne correspond pas à ce qu'enseigne véritablement le *dharma,* pour lequel, de vie en vie, de naissances en morts et de morts en naissances, la continuité de la conscience n'est pas celle d'une entité ou d'un ego qui n'a jamais eu d'existence autrement qu'illusoire. La continuité, puisqu'il y en a une, est celle d'un courant énergétique, d'un enchaînement de causes à effets, qu'on appelle *karma* ou *samskara,* termes que l'on peut traduire par « facteurs ». Ces facteurs subsistent sous forme d'empreintes latentes, dans ce que l'on appelle la conscience fondamentale. C'est un niveau profond de l'esprit qui est au-delà des individualités et qui est en même temps le substrat des consciences individuelles. Ces empreintes restent dans cette conscience fondamentale qui est une sorte de réservoir de karma, les karma individuels y subsistent comme des courants ou des flux qui auront la capacité de conditionner de nouveaux états de conscience et pour ceux-ci de nouveaux mondes expérientiels. Ces courants de karma perdurent dans cette conscience fondamentale sous forme de potentialités jusqu'à ce qu'ils rencontrent les conditions adéquates à leur actualisation comme facteurs constitutifs d'un nouvel état de conscience individuelle et d'un nouveau monde.

*Pourriez-vous nous donner un exemple qui aide notre compréhension ?*

Une image souvent utilisée est celle du vent qui forme des vagues à la surface de l'océan. Dans cette métaphore, l'océan et son indétermination seraient la conscience fondamentale, le vent avec ses « courants d'air » qui forment les vagues seraient le karma et les vagues qu'il forme, les consciences individuelles. L'individualité des vagues est formée par le vent, mais cette individualité n'est qu'illusoire car les vagues ne sont fondamentalement pas différentes de l'océan. De même en va-t-il de la conscience fondamentale, des egos individuels et des tendances formatrices du karma.

*Vous avez parlé d'états de conscience humains, infra et supra-humains, qu'est-ce à dire ?*

Nous avons parlé de la succession des naissances et des morts de la conscience, de la succession de ses structurations et de ses déstructurations dans différents états de conscience. L'ensemble de ces différents états par lesquels la conscience passe successivement est le cycle des existences. Ce cycle comprend six états principaux que l'on appelle les six classes d'êtres ou les six mondes. Ce sont six états de la conscience correspondant aux six principales modalités de l'ego, en rapport avec ses six émotions dominantes : la colère, l'avidité, la stupidité, le désir-attachement, la jalousie et l'orgueil. Ils sont classés en trois états inférieurs et trois états supérieurs, qui regroupent toutes les existences conditionnées, depuis le paroxysme de la souffrance jusqu'au plus haut des bien-être.

Le paroxysme de la souffrance est l'état infernal ; c'est le comble de la dualité dans lequel le moi et l'autre sont complètement solidifiés en un monde « hyper dur ». L'agressivité de ce monde développe des situations de lutte constante entre « moi » et « l'autre ». Dans les conditions de solidité et de dureté de cet état, « l'autre » devient un bourreau auteur de perpétuels tourments. Le sujet est emprisonné dans les murs de ses projections contre lesquels il se heurte violemment, répétitivement. Dans cet état, l'attitude prédominante est l'agressivité, le rejet, la lutte, le refus intégral. Ils font un environnement que la tradition décrit comme de flammes ou de glaces : la conscience, bouillonnant dans la colère ou glacée dans la haine, y expérimente la souffrance des états infernaux chauds ou froids.

Le deuxième état de conscience est dominé par l'avidité. On y souffre d'une boulimie aiguë, on a envie de tout « phagocyter » ; notre appétit est insatiable mais notre pouvoir d'absorption extrêmement limité aussi y est-on toujours en manque et frustré, animé par une immense avidité. C'est le monde des esprits avides. L'iconographie traditionnelle les représente avec un ventre énorme comme une montagne et une bouche minuscule comme le chas d'une aiguille.

Puis il y a l'état animal dominé par l'opacité mentale, la bêtise. C'est un fonctionnement « avec des œillères », sans attention ni discernement. Cet aveuglement stupide entraîne asservissements et destructions mutuelles : ils s'entre-dévorent.

Au-delà de ces conditions inférieures, il y a trois états supérieurs de la conscience. Ils comportent plus de bonheurs mais ceux-ci restent néanmoins transitoires et contingents ; quant à la conscience, si elle y est moins limitée elle reste pourtant conflictuelle et dualiste.

Le premier de ces états supérieurs est la condition humaine, dominée par le désir-attachement. Ni obnubilé par les souffrances extrêmes des états inférieurs, ni polarisé par les plaisirs des états divins que nous allons voir, c'est un état favorable à l'éveil.

Le deuxième des états supérieurs est le monde des dieux jaloux dominé, comme son nom l'indique, par la jalousie. Bien que jouissant déjà de beaucoup de biens et richesses, les dieux jaloux vivent constamment en prenant pour référence ceux qui ont plus qu'eux : les dieux. Le problème des dieux jaloux est de ne pas être pleinement des dieux ; aussi luttent-ils constamment avec eux pour essayer d'obtenir les richesses et les qualités divines qui leur font défaut.

En haut de la hiérarchie sont les états divins. Ce sont des états de conscience supérieurs, des états d'auto-absorptions de la conscience, associés le plus souvent à la suffisance et à l'orgueil. Ces états sont nombreux, certains sont encore dominés par les passions, d'autres sont au-delà : toutefois, même ces derniers, bien que n'étant plus passionnels, sont encore conditionnés, soumis à des souffrances et au changement.

*L'apparition d'un nouvel état de conscience dépendant de notre karma, les prochaines naissances se déterminent ainsi à partir des actes antérieurs ?*

En effet, le karma est le facteur qui induit et conditionne les naissances et renaissances. C'est un processus cyclique dans lequel une cause induit une conséquence qui est elle-même une nouvelle cause pour un nouvel effet, et ainsi de suite. Cette circularité est ce que l'on appelle la causalité du karma. Le karma est donc l'enchaînement des causes et des conséquences de nos actes. Nos actes laissent des empreintes dans l'esprit, qui conditionnent ultérieurement nos différents états de conscience et nos différentes modalités existentielles. Ainsi, ce que nous sommes aujourd'hui est le résultat de causes passées, et les actions que nous faisons maintenant auront de futures conséquences. Si les causes karmiques développées dans le passé ont été positives, nous sommes dans une situation heureuse et favorable. Si elles ont été négatives, nous expérimentons des événements malheureux et défavorables.

*Cette vision est certes séduisante mais en a-t-on des preuves ?*

Ce processus d'apparition et de disparition des états de la conscience conditionnés par le karma nous est accessible et compréhensible dans le cadre de notre existence quotidienne, à ce niveau nous pouvons en avoir des exemples probants dans notre expérience personnelle. Une fois que nous sommes parvenus à le comprendre dans ce premier contexte, il peut être extrapolé au cycle des naissances et des morts de vie en vie.

*Faut-il croire alors aux renaissances ?*

Dans le *dharma* il ne s'agit pas de croire aux renaissances, pas plus d'ailleurs qu'à quoi que ce soit d'autre, il ne s'agit pas de faire acte de foi. L'approche du *dharma* n'est ni dogmatique ni fondée sur l'adhésion aveugle à une croyance. Il est indispensable surtout d'expérimenter. Le Bouddha lui-même a déclaré : « Ne croyez pas mon enseignement simplement parce que c'est moi qui vous l'ai donné. Mais, comme on teste l'or et s'assure de sa qualité en le battant et en le frottant, de même, mettez mon enseignement à l'épreuve de l'expérience et de la pratique, et si vous le retenez, que ce ne soit pas seulement par respect pour moi ».

Ainsi, l'attitude juste est très proche d'une démarche expérimentale, il s'agit de mettre à l'épreuve de l'expérience ce qui vous est proposé comme enseignements. Bien sûr, le seul fait de tenter l'expérience demande déjà une certaine confiance en la valeur de ce que l'on prend comme hypothèse. Il faut admettre qu'il y a des choses qui nous échappent, et garder les propositions de l'enseignement que nous ne pouvons pas comprendre pour l'instant, comme des hypothèses que nous mettons à l'épreuve de l'expérience. Nous pouvons initialement les retenir comme hypothèses valables car elles ont été proposées par des personnes dignes de confiance : le Bouddha et différents êtres éveillés, et parce qu'elles sont étayées par une logique probante. Au fur et à mesure que nous progresserons, des éléments viendront confirmer ou infirmer ces hypothèses. L'attitude la meilleure est d'en tenir compte et de nous engager fermement dans la pratique qui nous amènera progressivement à une conclusion issue de l'expérience directe.

*Ce que vous décrivez ressemble fort à une démarche scientifique. Dans le* dharma, *au lieu de faire des spéculations, on suit une progression : on commence par construire la base et, peu à peu, l'un affine la structure. Un peu comme dans la construction d'une maison, on édifie d'abord les fondations, les murs et enfin le toit.*

Oui, la pratique du *dharma* est une approche foncièrement comparable à une démarche scientifique expérimentale. Les enseignements sont issus de l'expérience de personnes arrivées à l'éveil, et ils suggèrent une pratique et une expérimentation pour y accéder. Ils rapportent l'expérience éveillée et les découvertes de ces personnes, et sont des protocoles qui nous indiquent la procédure expérimentale pour réaliser à notre tour la même expérience.

La démarche est de type expérimental. Par exemple : il y a un problème qui est celui de la souffrance et du conditionnement. L'enseignement formule les hypothèses exposées précédemment concernant l'origine de la souffrance. On les teste ensuite en travaillant sur les passions, sur l'ego et les conditionnements du karma. Des premiers indices encouragent à poursuivre, et pas à pas on va jusqu'à la solution du problème.

C'est dans notre expérience de la méditation et à partir de ses résultats que, peu à peu, nous pouvons vérifier les enseignements, ce n'est pas du tout théorique.

*Y a-t-il des signes évidents qui viennent nous confirmer que notre expérimentation va dans la bonne direction ?*

Oui, petit à petit, mais il y a de gros problèmes si l'on est dans l'attente de signes, tout comme d'ailleurs dans la démarche expérimentale : on risque de fausser l'objectivité de l'expérience.

D'abord ne vous attendez pas à ce que votre pratique bouleverse complètement votre vie du jour au lendemain ! Nous espérons parfois une solution magique qui tout d'un coup balayerait toutes nos imperfections. Ce serait pure escroquerie de promettre cela. Un véritable cheminement est long et difficile. Méfiez-vous de ceux qui disent le contraire, promettent monts et merveilles, prétendant vous « libérer » en deux temps, trois mouvements !

La démarche juste est progressive : en considérant l'enseignement, en réfléchissant sur celui-ci, vous découvrez le bien-fondé de nombreux de ses points de vue, en commençant à méditer vous faites quelques premières vérifications expérimentales. Ce premier pas vous donne quelques confirmations. Ce ne sont d'abord que quelques petits indices, mais ils confirment le bien-fondé de votre engagement et vous inspirent à poursuivre l'expérimentation vers une deuxième étape. Celle-ci pourra à son tour vous amener à une vérification plus profonde, et ainsi de suite. Dirigé ainsi par l'expérience, le cheminement se poursuivra et s'approfondira progressivement.

*Pourquoi n'avons-nous pas, dans notre existence actuelle, la mémoire de nos vies antérieures ?*

L'enseignement explique qu'au moment de la conception d'un nouvel être, il y a agrégation de trois éléments qui vont être à l'origine du futur nouvel être : la conscience à naître et les gamètes mâles et femelles. Au moment de leur fusion, il y a perte de conscience. A ce moment s'opère, pour les êtres ordinaires, une amnésie des expériences antérieures. La conscience ne se restaure qu'après une période de profonde opacité, au fil de l'embryogenèse. Cela explique que dans la plupart des cas il n'y ait pas de réminiscence des existences passées.

Pourtant pratiquement, on peut avoir une connaissance précise de la réalité de nos vies antérieures et futures, lorsqu'on atteint la première étape de la réalisation spirituelle effective, appelée le premier degré de bodhisattva. Avant celle-ci, il peut arriver chez certaines personnes que surgissent, spontanément ou par des techniques d'induction, certains souvenirs ; mais il n'est pas possible parmi ceux-ci de faire la distinction entre les réminiscences authentiques et les inventions fantasmatiques.

La pratique du rappel des vies antérieures est fort à la mode. Elle est souvent utilisée aujourd'hui, comme thème d'élaboration pour des démarches qui ressemblent beaucoup à des sortes de rêves éveillés. Ce type d'approche peut être utilisé en thérapie, pour explorer l'inconscient et amener l'anamnèse d'éléments oubliés ou refoulés. Il peut ainsi, quelquefois, avoir une certaine valeur dans un ensemble thérapeutique, comme support d'élaboration pour la projection d'éléments subconscients de notre psychisme, mais les « souvenirs » ainsi obtenus ne doivent pas être pris pour des réminiscences authentiques.

*Mais est-ce que la réminiscence des vies antérieures n'est pas importante pour savoir pourquoi l'on se trouve dans tel état aujourd'hui ?*

Pas particulièrement, et le *dharma* n'utilise pas de telles méthodes. D'une façon générale, il faut faire attention à ne pas considérer les régressions dans les vies antérieures comme quelque chose de réel, mais bien comme un voyage dans notre subconscient ou dans notre inconscient. Comprises ainsi, ces techniques peuvent, dans certains cas, être le support d'un travail psychologique de type analytique ou psychologique qui, fait avec précaution par des personnes compétentes, peut avoir une certaine valeur.

La validité de ces méthodes est cependant à relativiser, car il ne s'agit pas d'une démarche qui ait une véritable portée spirituelle. Pour des cas particuliers, comme celui de personnes souffrant de névroses dont elles ne peuvent se débarrasser, l'utilisation de techniques de régression peut se justifier comme méthode thérapeutique, mais cela ne devrait se faire que très rarement. Ce n'est pas du tout une recette miracle, au mieux c'est un moyen de faire un travail préliminaire de décantation, qui permet ensuite plus facilement d'entamer un véritable cheminement spirituel.

*Beaucoup de thérapeutes utilisent actuellement ces techniques de régression ; comment considérer les souvenirs qui y apparaissent ?*

Comme nous venons d'en parler : face aux soi-disant souvenirs remontant aux vies antérieures, l'attitude traditionnelle et intelligente est de ne pas leur attribuer le statut de faits véritables. Ils sont, en effet, le plus souvent l'expression de fantasmes subconscients. La recherche de nos existences antérieures du style : « Qui étais-je ? Comment étais-je ? A quelle époque ai-je déjà existé ? » a un côté attrayant, certes. Mais c'est une démarche narcissique qui flatte d'autant plus l'ego que l'on a vécu en général la vie de personnages importants ou des existences gratifiantes. Autrement, ces « souvenirs » peuvent aussi être l'expression de peurs et de traumatismes personnels. Un psychologue ne manquerait pas d'y voir le plus souvent l'expression de la problématique personnelle du sujet et des phénomènes de compensation. Si on les considère à ce niveau, dans un cadre thérapeutique adéquat, en tirer bénéfices semble possible. Mais, le problème devient grave si on se met à les prendre pour quelque chose de réel. Il peut y avoir, à ce moment-là, un processus de solidification qui les entretienne, ce qui serait très négatif.

Dans tous les cas ces allégations de réminiscences n'ont pas vraiment d'intérêt spirituel et, de plus, leur authenticité est toujours incertaine, on les traite donc traditionnellement en les laissant de côté sans les juger ni s'y attacher.

Dans le *dharma*, ce qui importe n'est pas de savoir ce que nous avons été ou avons fait dans une autre existence, mais ce que nous sommes et pouvons faire aujourd'hui, dans le présent. Nous sommes les héritiers de notre kharma passé : notre situation actuelle est le témoignage de ce que nous avons fait antérieurement. L'important est de vivre le moment présent au mieux, et d'utiliser sa liberté pour que l'avenir et l'évolution future aillent vers des états positifs et finalement vers la délivrance.

*Quels critères peut-on appliquer si l'on veut faire le choix d'un thérapeute pour pratiquer ces techniques ?*

Vous en avez vraiment envie ? Il faut, comme nous venons de le dire, utiliser ce genre de technique avec beaucoup de discernement et de circonspection. Dans ce contexte, une extrême prudence dans le choix éventuel d'un thérapeute est primordiale. Il ne doit pas être un apprenti-sorcier ! Déjà, pour une personne équilibrée et avisée, il n'est pas aisé de s'y retrouver parmi tout ce que nous propose le supermarché psycho-spirituel. Imaginez alors dans quelle situation se trouve quelqu'un qui est en difficulté, comment savoir à qui il peut accorder sa confiance ! Même s'il n'est pas possible de donner ici des critères précis, à titre indicatif : si le soignant ne présente pas les réminiscences comme des souvenirs véritables, s'il est par ailleurs un thérapeute confirmé, et n'a pas d'attitude mercantile, ce sont des signes favorables. Si en plus de votre côté une véritable nécessité thérapeutique vous oblige à entamer une telle démarche, vous pouvez sans doute faire l'essai en accordant à ce thérapeute un préjugé favorable. Par contre, si les réminiscences sont présentées comme les récits de vraies vies et si la régression est vendue comme une super technique spirituelle : flairez l'escroquerie !

*Mais des réminiscences authentiques sont quand même possible ?*

Le *dharma* considère qu'il peut y avoir des réminiscences authentiques. La tradition populaire en reconnaît des exemples. Nous avons parlé de l'amnésie à l'entrée dans la matrice, au moment de la conception : elle peut être plus ou moins complète. Dans certains cas très rares, il peut y avoir quelques réminiscences qui subsistent, particulièrement pendant la première enfance. Mais généralement, ces « souvenirs » sont progressivement gommés par la solidification de la personnalité et par l'éducation.

De toute façon, étant donné le peu d'intérêt que ces phénomènes présentent d'un point de vue spirituel, l'attitude adoptée traditionnellement est, comme nous l'avons déjà dit, de ne pas leur accorder d'importance.

CHAPITRE 6

# NAISSANCES, MORTS ET RENAISSANCES

*En Occident en général et dans les religions monothéistes, quand on parle de la mort, on évoque l'issue fatale et inexorable de notre vie terrestre alors que dans le* dharma, *il semble qu'il en soit autrement...*

Il y a effectivement une différence entre les conceptions religieuses prévalant en Occident et la perspective du *dharma.* On pourrait schématiser en disant qu'en Occident, la vision de la vie est de type linéaire alors que pour le *dharma,* elle est cyclique.

Dans la vision linéaire, on naît, c'est le départ de la vie ; on suit son chemin, on meurt, c'est la fin du parcours. Dans une vision matérialiste, c'est terminé ; dans le christianisme la mort débouche sur un paradis ou un enfer éternel.

La perspective du *dharma* ne considère pas qu'une seule vie ; la mort n'est pas une fin débouchant sur une situation à jamais fixe, éternelle. Il y a après la mort une continuité d'expériences qui amène à une nouvelle naissance. Il y a une succession de vies, un cycle de naissances et de morts qui se perpétue aussi longtemps qu'il n'a pas été interrompu par la réalisation spirituelle.

Le point important est de se demander : « Qu'est-ce que la mort ? », « Qu'est-ce qui meurt » et « Qu'est-ce qui naît ? » Vous répondrez sans doute : « C'est moi qui meurs ! » Mais alors, de la même façon, demandez-vous : « Qu'est-ce que ce moi qui disparaît ? » Cela nous ramène au problème de l'ego et de son illusion car c'est lui qui meurt *(voir chapitre 5)*.

*Finalement, qu'est-ce que la véritable mort ?*

Pour le *dharma*, la mort ultime est celle de l'ego, la dissolution du processus qui le constitue.

Les morts successives, les passages d'état de conscience en état de conscience, sont comme la transition d'un rêve au suivant. On naît à un rêve que l'on expérimente, puis l'imprégnation mentale à l'origine de celui-ci s'épuise et il disparaît. Il y a mort au monde de cet état onirique, ainsi qu'une dissolution de l'observateur, ou mort du sujet, puis, de nouvelles empreintes induisent un nouveau rêve.

La mort physique est un cas particulier de ce processus constant. Nous mourons constamment, à des degrés différents, plus ou moins profonds : entre chaque instant de conscience, dans l'endormissement, dans le passage de l'état de veille à l'état onirique, lors du passage d'un rêve au suivant, dans le passage du rêve au sommeil profond, ou dans la mort physiologique du corps.

Dans la perspective du *dharma*, la mort ultime est la disparition finale du cycle de renaissance, c'est-à-dire de l'ego et de ses illusions. C'est la mort du *saṃsāra*. Celle-ci n'aura lieu qu'au moment du grand éveil qui correspond à la réalisation spirituelle ultime. Cette mort spirituelle, la mort de l'illusion, est naissance à la réalité. La mort des conditionnements de l'ego est la naissance à l'état inconditionné au-delà de ses illusions. L'absence finale d'ego est le *nirvāṇa ;* ce terme signifie extinction, c'est l'extinction d'une illusion, comme s'évanouit une flamme soufflée. C'est la naissance à l'a-temporalité qu'on peut appeler la vie éternelle !

*La mort du corps physique, si importante en Occident, a quand même pour vous une signification particulière ?*

La mort du corps physique est la fin de l'existence corporelle. C'est le moment où il y a passage d'une existence incarnée aux expériences *post-mortem* du *bardo,* l'état intermédiaire à une renaissance ultérieure. C'est un moment important, une sorte d'examen de passage, car notre aptitude à bien vivre la mort dépend de la façon dont nous avons mené notre existence et de notre degré d'évolution spirituelle.

La mort du corps physique est une échéance, mais elle n'a pas le caractère dramatique qu'on lui donne habituellement en Occident. Ce n'est qu'un passage, une transition. On change de monde, c'est une migration. En fait, on transmigre. La mort est ressentie d'autant moins dramatiquement que l'on s'y est préparé de son vivant.

*Comment alors se préparer à la mort ?*

D'une façon générale, toutes les pratiques du *dharma* nous y préparent, mais il y a néanmoins des pratiques particulières. D'abord, la conscience de la mort est très importante pour bien vivre. En Occident, il y a un déni de la mort, on ne peut pas vraiment en parler. Si on le fait, la réaction est souvent du style : « Pourquoi venez-vous nous ennuyer avec vos histoires macabres ! » Notre civilisation occulte la mort et essaie de jeter sur elle un voile pudique. Elle se trouve reléguée au fond d'un hôpital dans un service spécialisé. Ce déni a de graves conséquences sur la façon dont nous conduisons notre vie quotidienne. Car, lorsque nous sommes finalement confrontés à la mort, le refus naturel de celle-ci augmenté par le manque de préparation provoque un traumatisme, un sentiment de révolte ou un réflexe de panique. La mort est, dans ces conditions, fondamentalement angoissante.

En fait, la mort du corps n'est qu'un cas particulier de l'impermanence, c'est une transition. Il faut accepter que tout ce qui existe soit amené à disparaître. Si l'on médite profondément sur la réalité de la mort et l'assimile vraiment maintenant, on parvient à une réconciliation et une acceptation vraie de celle-ci.

Se familiariser avec la mort permet de s'ouvrir pleinement à la réalité présente et à ses possibilités.

Il convient donc d'apprendre la mort pour bien vivre.

*Plus précisément, comment prendre conscience de la mort ?*

Il existe différentes pratiques pour prendre conscience de la mort. On réfléchit en considérant que tout ce qui est composé est soumis à la décomposition. Notre corps est composé, donc il se décomposera. Ainsi, tous les hommes sont mortels, tous ceux du passé sont morts, même les plus grands et les plus éveillés. Nous prenons conscience que nous aussi, un jour ou l'autre, nous devrons partir. Nous sommes tous des morts en sursis !

De plus, la cause de notre mort et le moment de notre mort sont incertains. Chaque instant peut être le dernier.

Il existe des méditations élaborées qui nous apprennent à prendre ainsi conscience de la mort.

*Pourquoi est-ce important de méditer ainsi ?*

Cette prise de conscience est importante parce que d'ordinaire on ne vit pas avec la conscience que l'on est mortel, ou plus exactement cela reste purement théorique. Bien sûr, tout le monde sait que les hommes sont mortels, mais peu de personnes agissent comme si elles l'étaient elles-mêmes ! Tant et si bien que le jour où l'on est confronté à la mort concrètement, c'est la panique !

On ne s'y était pas préparé, on est surpris, on ne veut pas, on refuse, on n'est pas prêt ! La mort représente ce qu'il y a de plus inacceptable pour notre ego.

Par contre, en méditant sur la mort, on réussit peu à peu à aller dans le sens d'un lâcher-prise, d'un abandon de notre refus, et d'une acceptation. Prendre véritablement conscience de la mort permet d'abord de l'accepter comme une réalité incontournable, inéluctable. Puis, son intégration profonde permet de développer une attitude fondamentale de non-attachement. Grâce à la conscience de la mort, nous devenons beaucoup moins attachés à nous-mêmes et à notre monde. Moins d'attachement permet d'être plus libre, dégagé et bienveillant. La prise de conscience de la mort peut nous faire percevoir l'urgence de nous consacrer à l'essentiel, nous permettre ainsi de vivre le présent plus intensément, en nous orientant vers ce qui est vraiment important. Elle nous fait comprendre qu'il n'y a pas de temps à perdre ! On dit souvent que la méditation sur la mort est la cravache du pratiquant.

Au niveau le plus profond, la compréhension de l'impermanence et de la mort permet la reconnaissance que l'ego n'a pas véritablement d'existence stable et solide. Le jour où nous réalisons vraiment la transparence de l'ego, nous nous libérerons aussi de l'emprise de la mort.

*Y a-t-il d'autres bienfaits à cette prise de conscience de la mort ?*

Ils sont innombrables ! Si nous n'avons pas conscience de la mort, nous nous projetons sans arrêt dans le futur en reléguant à plus tard ce que nous pourrions faire d'essentiel maintenant. Notre réaction habituelle consiste à dire : « Je verrai cela après ! » mais le temps passe, cet « après » n'arrive jamais et nous mourons avant d'avoir fait ce qui était important.

La conscience de la mort montre que la vie et l'avenir sont toujours aléatoires. Nous avons tous des amis ou des proches qui, de par l'âge ou la situation, étaient nos semblables, et qui sont déjà partis. Cela peut nous arriver de façon similaire, d'une manière ou d'une autre et à n'importe quel moment. Il y a donc urgence à accomplir ce qui en vaut vraiment la peine.

La mort est un cas particulier dc l'impermanence qui est telle que notre monde change sans arrêt. Ce qui a été construit, finalement s'écroule ; ce qui a été accumulé, finalement s'épuise ; ceux qui se sont rencontrés, finalement se séparent et ce qui est né finit par mourir. Il est dans la nature des choses que ce qui a eu un commencement ait une fin. Si l'on en est véritablement conscient, on ne s'attache plus désespérément aux choses ni aux événements, comme on le fait lorsqu'on considère tout comme stable et définitif. Cette prise de conscience introduit dans notre existence une fluidité et une souplesse, concomitantes avec un état de moindre attachement et de moindre fixation. Les prises de conscience de l'impermanence et de la mort ont un pouvoir profondément libérateur, vis-à-vis de toutes les formes d'attachement et de souffrance. En plus, c'est une vision réaliste de l'existence et du monde. Ce qui nous semble stable et fixe est en perpétuelle transformation. Nous vivons et nous sommes un réseau d'événements en constante interaction et en continuelle mouvance. Une prise de conscience effective de l'impermanence et de la mort nous amène à redéfinir les valeurs essentielles, les priorités de notre vie, et nous amène ainsi à vivre mieux le présent, en le consacrant à l'essentiel, plutôt que de toujours partir dans des poursuites chimériques tournées vers un futur hypothétique. Dans cette perspective, la mort nous permet de bien vivre au présent.

*Y a-t-il à votre avis des convergences entre les visions de la mort de la perspective scientifique occidentale et du* dharma*?*

Oui beaucoup, depuis quelques années, des travaux sur les expériences de mort imminente, appelées E.M.I., ou sur les allégations de souvenirs de vies antérieures, ont eu un retentissement important dans les milieux spécialisés et le grand public. Ces recherches faites dans le cadre d'une démarche scientifique convergent avec les enseignements traditionnels, millénaires, tels que les présentent le *dharma,* et plus particulièrement, dans la tradition tibétaine, les enseignements du *Bardo theudreul, Le livre tibétain des morts.* Ces convergences pourront ouvrir des chercheurs à de nouveaux domaines de pensée, et ainsi jeter des ponts entre science et tradition. C'est excellent, néanmoins ce genre d'investigations présente aussi des dangers, en particulier la fascination qu'a l'ego pour toute possibilité de survie introduit un gros risque de dérive. Mélangées à ces recherches, ces tendances peuvent facilement leur faire prendre des directions étrangères à l'esprit du *dharma,* et d'ailleurs aussi à l'esprit scientifique.

D'autre part, du point de vue du *dharma,* ces recherches n'apportent rien d'essentiel, et il faut être extrêmement prudent à leur égard. Il y avait déjà, dans la tradition populaire tibétaine, des exemples célèbres de « revenants », bien étayés et sur de nombreux points similaires à ceux étudiés aujourd'hui par ces chercheurs. L'attitude du *dharma* à leur égard a toujours consisté à ne pas en faire grand cas, et à les traiter avec la plus extrême prudence. La tradition a certainement pour cela de bonnes raisons.

*Selon le* dharma *et le* Bardo theudreul, *que se passe-t-il entre la mort et la naissance suivante ?*

Entre mort et naissance, il y a différents *bardo. Bardo* est un mot tibétain, « *bar* » signifie « entre » et « do », « deux », donc *bardo* est un entre-deux, un « passage ». L'idée est que l'esprit, ce que nous sommes, est dans un continuel mouvement de transition ; de naissance en mort et de mort en naissance, l'ego change continuellement de monde. La perspective du *dharma* est une vision dynamique, dans laquelle l'esprit est un processus cyclique en continuelle transition, nous y avons déjà fait allusion. De ce point de vue, nous sommes constamment des passants. C'est cette idée qu'exprime la notion de *bardo,* de transition.

Nous sommes toujours en passage dans quatre principaux *bardo* qui sont :

— le *bardo* de l'agonie,
— le *bardo* de la vacuité,
— le *bardo* du devenir,
— et celui de la naissance à la mort.

Ces quatre *bardo* constituent le cycle de la vie, entendu que la vie n'est pas le contraire de la mort mais simplement l'ensemble dynamique : naissance mort renaissance...

*Pourriez-vous préciser ce qui se passe à la mort et ce que sont ces* bardo *?*

Commençons la description, comme on le fait habituellement, par la fin d'une existence et le *bardo* du moment de la mort ou de l'agonie. Au moment de la mort, il y a une résorption des éléments constitutifs de nos expériences et de la conscience individuelle. Cette dissolution est décrite comme celle des éléments : terre, eau, feu et vent, et des trois luminosités. Il ne s'agit pas ici d'éléments au sens courant, matériels, mais « d'éléments expérientiels » constitutifs de nos perceptions, des plus grossières aux plus subtiles, ainsi que de principes de cohésion, de fluidité, d'énergie et de mobilité qui y sont associés. La dissolution suit donc des étapes, décrites comme la résorption successive de ces éléments. Il y en a des descriptions détaillées, avec des signes extérieurs, des manifestations physiques ; intérieurs, des impressions perçues ; et très intérieurs, sous forme d'expériences spirituelles.

La première étape correspond à la dissolution de l'élément terre. Elle est caractérisée par un sentiment de lourdeur, de pesanteur, une incapacité à se mouvoir, et une impression d'oppression, comme si l'on était écrasé.

Puis, se manifestent différents écoulements des fluides corporels, il y a simultanément un sentiment de perdre pied, d'être englouti, ceci correspond à la dissolution de l'élément eau. Cet engloutissement est le sentiment que le terrain solide sur lequel nous étions posé se dérobe sous nos pieds.

Il y a ensuite une résorption de la chaleur corporelle associée à une expérience de ronflements, de bourdonnements, de crépitements intenses comme ceux d'un immense brasier ; puis la respiration se suspend et l'on se sent balayé, emporté comme une feuille qui s'envolerait dans l'espace. Cela correspond respectivement aux dissolutions des éléments feu puis vent.

*Certains de ces signes sont donc très tangibles...*

Les signes extérieurs sont tangibles. Les signes intérieurs sont des impressions, un ressenti. Et les signes les plus subtils dont nous n'avons pas parlé se manifestent sous forme de visions spirituelles.

Ensuite au terme des étapes de cette dissolution, il y a ce qu'on appelle les trois luminosités : blanche, rouge et noire. Elles constituent la dissolution finale de la conscience.

La première est l'expérience d'une clarté extrêmement brillante, blanche, que l'on compare à une luminosité lunaire d'un éclat extrêmement intense. Le processus se poursuit et s'amplifie dans ce qu'on appelle la luminosité rouge qui, elle, est comparable à une lumière solaire; puis il y a généralement une perte de conscience, c'est-à-dire une solution de continuité dans l'expérience qu'on appelle la luminosité ou vision noire. C'est le processus classique pour un être ordinaire; quelqu'un qui aurait une profonde réalisation spirituelle ferait, à la fin de cette dissolution, l'expérience de ce qu'on appelle la claire lumière fondamentale. Il s'agit de la nature de l'esprit appelée aussi luminosité vide, c'est-à-dire un état de lucidité sans sujet, sans témoin. Cette claire lumière fondamentale est au-delà des expériences de luminosité blanche, rouge et noire dont nous avons parlé. Chez un être ordinaire elle n'est pas reconnue, et s'y substitue le moment d'inconscience.

La dissolution de la conscience individuelle que

nous venons de décrire est le premier *bardo* dit de l'agonie. Il dure un temps très variable; dans une mort accidentelle, il sera très bref, autrement il dure souvent « le temps d'un repas ».

*Et ensuite?*

L'expérience d'inconscience, la « vision noire » d'un être ordinaire, débouche sur le deuxième *bardo* appelé « *bardo* de la vacuité ». C'est une période d'inconscience qui dure normalement trois jours et demi, puis au terme de cette période, les empreintes latentes dans la conscience fondamentale reprennent de l'activité, elles remanifestent de la conscience avec de nouvelles formes d'expériences. A ce moment se situent des expériences lumineuses d'un autre genre, sous forme de lumières irisées, de points colorés, décrites dans le *Bardo theudreul* comme les différentes apparitions de la transition entre le *bardo* de la vacuité et celui du devenir. Il y a toute une séquence d'expériences qui correspond à une restructuration de la conscience et de certaines de ses perceptions.

Ainsi, dans la succession : *bardo* de l'agonie, *bardo* de la vacuité et maintenant début du *bardo* du devenir, il y a une dissolution de la conscience individuelle, un passage à vide, puis une restructuration de la conscience.

Le *bardo* qui suit est dit « du devenir », car il nous amène à une nouvelle existence. Il dure généralement un maximum de quarante-neuf jours. Mais il ne s'agit pas d'une période fixe, la renaissance pouvant prendre place à n'importe quel moment de ce *bardo,* après quelques jours, une semaine, deux, trois, quatre semaines, etc...

*Pourriez-vous nous dire dans quelle mesure l'âme peut s'affranchir du cycle des renaissances, ou autrement comment elle peut se préparer à une nouvelle naissance?*

Dans la perspective bouddhiste, il n'y a pas d'âme au sens d'une entité ayant une existence autonome, permanente ou éternelle. Le *dharma* enseigne l'impermanence, le caractère inconsistant et en fait finalement illusoire, de la conscience individuelle. Ce que certains appellent l'âme, avec ses caractéristiques d'unité monolithique et d'éternité, ne serait en fait que ce quc le *dharma* appelle l'illusion de l'ego. Pour le *dharma,* ce qui transmigre est la conscience de transmigration; d'un point de vue extérieur, elle présente certaines similitudes avec l'âme, mais la grande différence est qu'elle est impermanente et fondamentalement illusoire. La libération est précisément celle de l'illusion de sa réalité permanente et indépendante.

Pour revenir aux *bardo,* la conscience de transmigration peut s'y libérer de ses conditionnements et arriver à la libération à différents moments, en fonction de la préparation spirituelle du pratiquant. Des êtres ayant atteint de leur vivant une profonde réalisation peuvent se libérer dans le *bardo* de l'agonie, en reconnaissant la claire lumière fondamentale au moment où elle apparaît au terme de celui-ci. Pour ceux qui n'en ont pas la capacité, le *bardo* du devenir offre d'autres possibilités, particulièrement : si l'on a fait dans sa vie des souhaits, des prières, et ainsi orienté son esprit vers l'éveil, ces empreintes dirigent à ce moment la conscience vers ce qu'on appelle une terre pure, un champ d'éveil, qui est un lieu non pas géographique, mais de liberté spirituelle.

S'il n'y a pas libération dans le *bardo* du devenir, la conscience va évoluer gouvernée par le karma, c'est-à-dire ici l'ensemble des empreintes générées dans le passé, subsistant comme potentialités dans la conscience fondamentale.

Durant la première partie du *bardo* du devenir, des empreintes du karma associées à l'existence qui vient d'être quittée induisent des expériences qui en sont comme des relents, encore en rapport avec celles-ci. Elles s'épuisent, se dissolvent petit à petit, et dans la seconde partie du *bardo* du devenir, d'autres empreintes, celles qui vont déterminer la nouvelle existence, commencent à se manifester. Conditionnée par celles-ci, la conscience renaît dans l'une des six possibilités d'existence que sont les six mondes dont nous avons parlé précédemment *(voir chapitre 5)*. Schématiquement, ils résument toutes les possibilités de naissances ; la naissance « incarnée », dans un corps matériel, n'en étant qu'une parmi un ensemble plus vaste.

*C'est intéressant de voir combien les expériences de lumière du* bardo *de l'agonie peuvent être rapprochées des récits de ceux qui ont vécu des expériences de mort imminente (E.M.I.) quand ils parlent d'aspiration dans un tunnel et d'expériences de lumière, il semble y avoir une similitude d'expériences.*

Oui, mais c'est sans doute assez normal, le plus étonnant aurait été que ce ne soit pas du tout le cas !

Cela s'explique car il s'agit de processus naturels inhérents à la nature de l'esprit. Cette nature de l'esprit est lumineuse et bienheureuse ; lorsque la conscience individuelle s'y dissout, elle s'ouvre progressivement à une expérience de luminosité bienheureuse, qui est comme un avant-goût de la nature de l'esprit, de la claire lumière, dont l'expérience n'est complète qu'à la fin du *bardo* de l'agonie.

L'aspiration dans un tunnel à laquelle vous faites allusion correspondrait à la dissolution de l'élément vent, pendant laquelle il y a une sorte d'aspiration qui s'achève par la perception lumineuse, brillante, blanche, qui est la première des expériences de lumière. Ces événements étant inhérents à la nature de l'esprit, ils se manifestent chez tous les êtres, quelles que soient leur culture ou leurs croyances, ils ont ainsi d'abord un caractère universel. Ce n'est que secondairement qu'ils sont interprétés par les concepts propres à la personne qui en fait ensuite le récit. C'est ainsi qu'apparaissent, à partir d'un fonds commun naturel, différentes versions teintées de colorations propres.

*Quelle est votre position concernant l'euthanasie ?*

C'est un problème complexe dans lequel entrent en ligne de compte différents paramètres. D'abord l'euthanasie peut être active ou passive : il y a des interventions qui prennent la vie et des absences d'intervention qui la conduisent à son terme. C'est extrêmement délicat, particulièrement aujourd'hui où les techniques modernes peuvent maintenir la vie de façon tout à fait artificielle et végétative.

L'euthanasie passive, si l'on entend par là de ne pas faire d'acharnement thérapeutique et de laisser quelqu'un mourir en paix, est souhaitable lorsqu'elle est désirée. C'est alors simplement accepter la réalité de l'échéance inéluctable, et choisir de la vivre le mieux possible, surtout si on s'y est préparé. Pour le *dharma* il est très important de pouvoir approcher la mort le plus sereinement et lucidement possible. Lorsqu'on s'y est préparé, la discipline spirituelle que l'on a acquise de son vivant est mieux utilisée dans la lucidité. Donc, lorsque l'échéance est inéluctable, mieux vaut y faire face lucidement, que de compromettre la possibilité d'une mort lucide en s'acharnant à la différer artificiellement. Pour ceux qui y sont prêts, on encouragera ce qui favorise une mort lucide, et on découragera ce qui serait susceptible d'y faire obstacle.

Par contre l'euthanasie active est différente, elle s'apparente à prendre la vie qui est le premier acte négatif du corps, il faut donc l'éviter. En effet, les souffrances de la maladie ou de l'agonie sont le résultat de notre karma ; y mettre fin soi-même est une forme de suicide, et le faire pour quelqu'un d'autre est une façon de tuer. Ces actes qui prennent la vie créent de nouveaux karma négatifs, sources de nouvelles souffrances qui viennent s'ajouter à celles qui étaient fuies. Ce ne sont donc finalement pas des moyens d'éviter la souffrance.

Maintenant, l'euthanasie est un domaine frontière où l'évaluation des critères, des cas particuliers et des motivations, est fort difficile.

Du point de vue du *mahāyāna,* l'état d'esprit et la motivation sont l'essentiel, ils priment toujours sur la lettre, et de ce point de vue, il n'est pas possible de se prononcer de façon catégorique.

*Qu'en est-il plus particulièrement du suicide d'un point de vue bouddhiste ?*

Le *dharma* rejette aussi bien le suicide que toutes les façons de tuer. Se suicider est tenter, en se donnant la mort, de mettre un terme à des souffrances intolérables. Mais ces souffrances ont leur origine dans le karma personnel, dans les tendances négatives dont l'esprit du suicidaire est imprégné. Elles font que la situation douloureuse de cette personne a une intensité telle qu'elle voudrait y échapper par la mort. Mais le suicide est une forme de meurtre qui induit un karma négatif supplémentaire qui vient s'ajouter au précédent.

On ne peut pas échapper au karma car il modèle

l'esprit qui transmigre. Ce n'est donc pas en éliminant la vie du corps qu'on peut s'y soustraire. Celui qui se suicide rajoute au karma négatif qui l'a mené à cet acte, le karma négatif du suicide lui-même. Ce n'est donc jamais un moyen d'y échapper, bien au contraire, c'est un acte qui l'amplifie : les conséquences karmiques de cet acte précipitent la personne qui le commet dans une souffrance encore plus grande que celle à laquelle elle voudrait échapper ! C'est donc une fort mauvaise solution, la pire des issues.

Par contre, il y a toujours, par la pratique du *dharma*, la possibilité de changer notre esprit et ainsi de trouver une solution même aux souffrances les plus extrêmes. Il est possible de commencer à comprendre les causes véritables de cette souffrance, de travailler dessus et finalement de s'en libérer.

Nous avons toujours une liberté pour transformer notre karma et c'est notre responsabilité.

*Comment aider un mourant, quelles qualifications faut-il pour pratiquer le* Bardo theudreul ?

Il y a de nombreux enseignements pour aider les mourants, le *Bardo theudreul* est un de ceux-ci et il peut être pratiqué de façon concise ou extensive. Le choix dépendra de la préparation de la personne, et de la présence ou de l'absence d'un lama. La pratique complète du *Bardo theudreul* avec tout ce qu'elle comprend nécessite la présence d'une personne qualifiée, néanmoins, le seul fait d'en avoir eu connaissance de son vivant ou d'en entendre parler au moment de la mort peut déjà aider.

On peut, dans tous les cas, aider par la qualité de sa présence : stable, ouverte et bienveillante. Une présence ouverte et solide, une attitude honnête, bienveillante et franche, sont pour un mourant un point d'appui et un soutien très important. C'est l'attitude générale et fondamentale à avoir auprès d'un mourant.

Autrement, votre aide dépend beaucoup de vos qualifications et de celle du mourant. S'il a une pratique spirituelle ou, mieux encore, si c'est un frère du *dharma*, on peut lui remémorer sa pratique, le guider, l'aider directement.

Si le mourant n'a aucune pratique spirituelle, on peut quand même l'aider par des prières ou la récitation de *mantra*. Un *mantra* récité à l'oreille d'un mourant, ou même à l'oreille de quelqu'un qui vient de mourir, établit une connexion spirituelle positive qui sera un élément favorable pour l'évolution posthume.

*Quel* mantra *peut-on réciter ?*

« AUM MANI PEME HOUNG » est le meilleur et le plus simple. C'est le *mantra* de Tchènrézi, le Bouddha de la compassion.

Un *mantra* n'est pas une formule magique, sa récitation a d'autant plus de pouvoir qu'elle est animée par la compassion et par l'attention de celui qui le récite. Il a aussi d'autant plus de force qu'il est récité par quelqu'un qui a une véritable réalisation spirituelle. Néanmoins, même au niveau le plus extérieur, réciter un *mantra* est utile. Les bouddhistes le font même pour des insectes ou d'autres animaux qui viennent de mourir.

On peut aider aussi par des prières, celles que l'on connaît, le *mantra* peut d'ailleurs être considéré comme la forme la plus simple de prière.

Surtout, tout ce que l'on peut faire de positif : *mantra*, prières, offrande, rituel, actions positives quelles qu'elles soient, peut être dirigé vers le défunt par une dédicace, formelle ou simplement mentale, et peut aider véritablement.

L'efficacité d'une telle dédicace dépend de la réceptivité de la personne à qui elle est faite, de son karma, ainsi que de la force et de la sincérité de celui qui la fait. Dans toutes ces pratiques, l'état d'esprit et la motivation des pratiquants ainsi que la relation spirituelle qui les unit au défunt est très importante. Ainsi, les personnes proches de celle qui vient de mourir, et qui avaient avec elle une connexion, peuvent l'aider plus particulièrement.

Il y a d'autres pratiques funéraires ; certaines très élaborées mettent en œuvre par certains rituels une influence spirituelle susceptible d'aider le défunt. Ces rites peuvent libérer son esprit des attachements à l'existence qu'il quitte, et l'orienter vers un devenir posthume favorable. Là aussi, la qualité des officiants est très importante, car un rite funéraire fait avec négligence par des officiants distraits ou dont l'esprit serait empreint de passions, serait perçu comme tel par le défunt et développerait en lui des réactions négatives allant à l'encontre du but recherché.

Les pratiques funéraires du *Bardo theudreul*, dans leur version extensive, se font jusqu'à quarante-neuf jours après le décès, ce laps de temps correspondant à la durée maximale du *bardo*. Après cette période, on considère qu'il est difficile de faire quoi que ce soit.

*La récitation d'un* mantra *est une pratique bouddhiste. Si la personne qui vient de mourir est d'une autre religion ou athée, a-t-on le droit de réciter un* mantra *bouddhique. Et vous-même, avez-vous l'habitude de pratiquer des* mantra, *ou un rituel précis lorsque vous êtes demandé au chevet d'une personne ?*

On en a tout à fait le droit, mais ce n'est pas une question de juridiction. L'important est d'abord l'attitude d'esprit positive, d'amour et de compassion, dont la récitation n'est que le support ou l'expression. Cette attitude éveille dans la conscience du *bardo* un état d'esprit favorable à son évolution positive, cela sans parler du pouvoir spirituel inhérent à la récitation du *mantra*. De plus, la relation avec l'être du *bardo* est intérieure, aussi la forme extérieure n'importe que secondairement ; si l'environnement ou le contexte y sont dévaforables, on évitera de réciter *mantra* ou prière vocalement et on le fera mentalement.

On me demande souvent de faire des prières, des

souhaits et des pratiques pour des mourants et des défunts. Il m'arrive d'aider directement certaines personnes qui le demandent. Mais, si l'aide que l'on peut recevoir alors est importante, il ne s'agit pas juste de faire appel à quelqu'un au moment où l'on meurt : pour que le *dharma* puisse aider pleinement, il est important de le pratiquer dès maintenant et de se familiariser avec la réalité de l'impermanence et de notre propre mort. Si nous nous préparons ainsi, notre vie sera beaucoup plus pleine, plus riche et libre, nous serons moins attaché et lorsque l'échéance inéluctable arrivera, elle n'aura pas le caractère traumatisant qu'elle aurait autrement. De plus, ayant vécu de façon juste, nous aurons développé un karma positif et celui-ci naturellement nous dirigera vers une meilleure existence, même si la libération définitive n'est pas tout de suite atteinte.

## CHAPITRE 7

# PRATIQUER LE DHARMA

*Nous avons vu, précédemment, le cadre général d'une démarche spirituelle. Plus précisément maintenant, que propose le* dharma *au chercheur qui veut faire un travail sur lui-même ?*

L'outil du travail intérieur, de la transformation de soi est la pratique de la méditation, c'est la dimension intérieure du *dharma* qui est étayée par une discipline extérieure.

La discipline extérieure nous donne des repères pour conduire notre vie. Elle nous évite les situations conflictuelles et douloureuses, et favorise, au contraire, celles qui vont nous aider à progresser vers le bonheur et la libération. Elle consiste initialement en les dix actes positifs et négatifs dont nous avons déjà parlé *(chapitre 1)*. Cette discipline n'est pas quelque chose d'imposé, auquel on serait contraint par obligation, mais le moyen de faire ce qui est bon pour nous et pour les autres. Comprenant bien son esprit on la pratique avec enthousiasme et joie. Les points de repères qu'elle donne ne sont pas des règles en soi mais des balises qui nous dirigent dans notre vie. Cette discipline constitue le cadre dans lequel la transformation intérieure peut prendre place.

Ensuite, vient la pratique de la méditation assise, qui est l'outil principal de cette transformation intérieure. C'est d'abord et pour l'essentiel l'apprentissage d'une relation juste à nos pensées, à nos émotions et, d'une façon générale, à l'instant présent. Elle dissipe l'agressivité de l'ego qui s'exprime dans les passions habituelles. La méditation assise se développe ensuite dans la méditation dite « en action », c'est-à-dire dans la vie quotidienne *(voir chapitre 9)*.

*Quelles sont plus précisément les différentes étapes de la progression du* dharma *?*

Lorsqu'on a éveillé la motivation qui permet de commencer un cheminement effectif, celui-ci comprend des niveaux de cheminement appelés *yāna*, ce sont : le *hīnayāna*, le *mahāyāna*, et le *vajrayāna*.

— *Hīnayāna* signifie « voie étroite » ; ses pratiques font appel à la rigueur, et mettent l'accent sur la discipline extérieure de conduite et intérieure d'attention et de vigilance dans la méditation. Le *hīnayāna* constitue le fondement de la voie. La progression se poursuit avec une dimension universelle, ouverte et altruiste qui est celle du *mahāyāna*.

— *Mahāyāna* signifie « grand véhicule », « voie ouverte » ou « véhicule universel » ; il est fondé sur le vœu de bodhisattva *(voir le chapitre 4)* qui est l'engagement à travailler avec les autres, à s'ouvrir aux autres et au monde dans une attitude d'amour et de compassion dépassant les préoccupations égocentrées.

Les pratiques du *mahāyāna* ont deux pôles : l'amour, d'une part, et la connaissance immédiate, d'autre part. Ces deux qualités d'amour et de connaissance, aussi appelées les deux aspects de l'esprit d'éveil, se pratiquent dans les six perfections : le don, la discipline, l'énergie, la patience, la méditation et l'intelligence transcendante. Les tantras sont un autre aspect du *mahāyāna* qui constituent le *tantrayāna* ou voie des tantras.

La voie des tantras est le *vajrayāna,* le « véhicule adamantin » ou la « voie fulgurante ». Ses pratiques opèrent une transmutation de l'esprit habituel et de ses émotions, en esprit et sagesse éveillés.

Ces trois *yāna* sont des niveaux complémentaires : le *hīnayāna* est la base du cheminement, le *mahāyāna* en est le corps, et le *vajrayāna* la superstructure. Ce dernier prend appui sur les fondements du *hīnayāna* et s'inscrit dans l'esprit du *mahāyāna* dont il constitue un aspect spécial, caractérisé par des méthodes spécifiques.

Il y a ainsi une continuité du petit au grand véhicule et du grand véhicule au véhicule adamantin. Les principes fondamentaux du premier se développent dans le second, lequel prend à son tour son expression la plus forte dans la présentation des tantras, ces derniers formant le sommet des enseignements bouddhistes, leur point culminant et leur aboutissement final.

*Les notions de compassion et de sagesse semblent être fondamentales dans le* dharma, *qu'en est-il ?*

Oui, les enseignements du *dharma* en général et du *mahāyāna* en particulier ont deux facettes : la compassion-amour d'une part, et la sagesse-connaissance d'autre part.

L'accent est toujours mis sur la nécessité de l'union de ces deux volets complémentaires. Néanmoins, bien que leur conjonction soit indispensable, ces deux composantes peuvent se combiner en différents dosages variables selon les traditions du *mahāyāna* et même, au sein de celles-ci, selon les réceptivités individuelles des pratiquants. L'un ou l'autre de ces deux aspects peut dominer et on rencontre ainsi des voies à dominante de connaissance qui sont plutôt « sèches », et d'autres à dominante de compassion, plutôt « humides », mais il ne s'agit que de tendances et les deux ne sont jamais dissociées.

Les rapports et la complémentarité de la compassion et de la sagesse apparaissent clairement dans la notion de *bodhicitta,* « d'esprit de l'éveil », qui est l'attitude d'esprit du bodhisattva, c'est-à-dire d'un être qui, suivant la voie du *mahāyāna,* dédie à autrui son cheminement spirituel et sa réalisation.

*Bodhicitta,* « l'esprit de l'éveil » est, comme nous l'avons dit *(chapitre 4),* au niveau relatif une attitude de compassion et d'amour universels et au niveau ultime, l'expérience directe et immédiate de la nature pure de l'esprit, la réalisation de la vacuité.

Ces deux niveaux de *bodhicitta,* relatif et ultime, incluent tous les aspects de la voie et ont un dénominateur commun dans un état intérieur de non-attachement, de non-fixation et de non-ego.

*Qu'entendez-vous par compassion ?*

La compassion est une attitude de douceur bienveillante et chaleureuse, d'ouverture au-delà de l'égocentrisme.

Habituellement, on aurait tendance à dire que le contraire de la compassion ou de l'amour est la haine, ce qui n'est pas faux, mais au fond l'opposé de l'amour est l'égocentrisme. En effet, la compassion est fondamentalement l'attitude du « cœur-esprit » capable de dépasser ses préoccupations individuelles et son intérêt égoïstement personnel.

Le terme que l'on traduit par compassion est en sanscrit « *karuna* », en tibétain « *ninedjé* ». Selon l'étymologie tibétaine, « *nine* » signifie « cœur » et « *djé* » « noblesse », c'est donc la « noblesse du cœur ». Notons néanmoins que « *nine* » a aussi le sens « d'essence », « ce qui est le plus intérieur ». En fait, le cœur dont il s'agit ici n'est pas seulement le siège des sentiments et de la compassion, c'est aussi le siège de l'esprit pur. Traditionnellement, si la tête et le cerveau qu'elle abrite sont bien le siège de l'esprit discursif, de l'intellect raisonnant et conceptuel, le cœur est, lui, le siège de l'esprit pur et non discursif. Il est ainsi symboliquement le siège de l'amour-compassion comme du pur esprit.

La pratique de la compassion est ouverture aux autres, elle consiste à reconnaître la réalité de l'autre, à reconnaître l'autre comme étant important, vraiment important, et digne de toute notre considération. Celui-ci devient aussi important que nous et même finalement plus important que nous. La compassion est l'état d'esprit dans lequel on devient capable de faire ce que l'on appelle l'échange de soi pour autrui. Cela signifie d'abord l'aptitude à se mettre à la place de l'autre ; puis surtout la capacité à renverser l'attitude égocentrée, à échanger les prérogatives du moi, « mes prérogatives », pour celles de l'autre. Habituellement je me vis, « moi », comme le centre du monde, et mon activité tend à se déployer pour me gratifier et me sécuriser. Tout est vécu d'une manière égocentrée et égoïste : moi d'abord et les autres ensuite. La compassion renverse cette situation. C'est la transformation de l'attitude égocentrée en une attitude « allocentrée ».

La compassion est une attitude empreinte de douceur et de non-agressivité, aussi bien vis-à-vis de nous-mêmes que des êtres et même de l'environnement. Cette non-agressivité est le reflet d'un état intérieur qui n'est pas fondé sur l'appétit et l'avidité de l'ego, prêt à agresser, à sacrifier l'autre, ou à tout détruire pour se nourrir et se satisfaire.

Elle permet, dans une attitude de douceur et de gentillesse, d'accueillir l'autre, de s'ouvrir à lui, et ainsi de le rencontrer dans sa réalité. Cette rencontre instaure une communication véritable.

La compassion et l'amour authentiques ne sont

possibles que dans le dépassement de l'ego qui permet l'expérience véritable de l'autre et la participation à sa réalité. Autrement, ce n'est pas l'autre que nous aimerions mais notre version de lui. Nous projetterions sur lui toutes sortes d'idées ou d'idéaux : notre idéal féminin, notre idéal masculin, ou toute autre image, et nous aimerions en lui cette image ou ces idées que nous lui appliquons. Ce genre d'attitude conduit à différentes perversions de l'amour et de la compassion.

*Comment cette rencontre de l'autre est-elle possible ?*

Une véritable rencontre de l'autre demande que nous ne le percevions pas avec le filtre de nos projections. Elle ne peut prendre place que dans l'expérience de la transparence de nos projections qui ouvre l'espace de rencontre. C'est très différent de l'attitude agressive dans laquelle nous poursuivrions l'autre pour le toucher de notre amour. Dans une telle poursuite, nous serions un envahisseur !

La participation à la réalité de l'autre dans la transparence des projections est le fondement de la compassion véritable, elle sépare les approches de la compassion et de l'amour égocentrées et non égocentrées.

L'ouverture des frontières de notre ego permet un libre échange, une meilleure perception de ce que l'autre est vraiment, elle rend possibles la rencontre et le partage. Participant à la réalité de l'autre, il est ensuite possible de l'aider en fonction de ses besoins et de sa demande réels et de répondre à sa situation avec générosité et bienveillance. Sans cela, notre prétendu amour-compassion vise, d'une façon ou d'une autre, à conformer l'autre à notre version du bonheur et à lui imposer d'être une réplique de l'idéal de notre ego ; c'est un acte d'agression douloureux pour notre « aimé » et une complète perversion de l'amour.

L'attitude de compassion et d'amour non égocentrée se développe vis-à-vis de nous-mêmes, des autres êtres aimés, voisins, compatriotes, et de proche en proche, intègre tous les êtres humains, quels qu'ils soient, amis comme ennemis. C'est une non-agressivité fondamentale, une attitude de respect de l'autre, de la vie sous toutes ses formes, humaine et non humaine, et même de respect de l'autre en tant qu'environnement. La compassion a aussi une dimension écologique !

*Nous avons déjà abordé la question du karma, mais j'aimerais y revenir, vu son importance. En effet, si nos actions sont régies par la loi de causalité karmique, le hasard n'existe donc pas ?*

Le mot « hasard » est utilisé pour désigner l'émergence d'un événement qui survient on ne sait pas comment ! C'est un terme qui sert à exprimer que l'on n'arrive plus à déterminer les causes de cet événement. On parle de hasard quand la complexité des causes d'une situation fait perdre la trace de ses origines. En fait, tout a une cause même lorsque l'on est incapable de l'identifier de façon précise.

*Quelle est dans cette perspective la place du libre arbitre et de la notion de responsabilité individuelle ?*

Pour nous expliquer peut-être conviendrait-il de revenir sur la notion de karma. On entend par karma le fait que tout acte est une cause qui aura une conséquence. Ce que nous sommes maintenant est le résultat de causes antérieures, et ce que nous faisons maintenant détermine l'avenir.

Cette loi de causalité du karma nous conditionne. Nous sommes des êtres conditionnés. Cependant, ces conditionnements ne sont pas absolus, ils ne nous déterminent pas complètement et nous avons toujours une part de liberté : en toute situation demeure une certaine possibilité de choix. C'est la raison pour laquelle nous avons un libre arbitre. Nous sommes prédisposés, mais ces propensions ne nous déterminent pas totalement.

Pour essayer de mieux faire comprendre cette idée, on peut prendre l'exemple du jeu d'échecs. Au milieu d'une partie d'échecs en cours, à l'instant présent, notre situation est le résultat des coups qui ont été joués auparavant. Lorsque c'est à notre tour de jouer, notre position peut être plus ou moins favorable et nous laisser plus ou moins de latitude de choix. Néanmoins il y a des alternatives et, si nous jouons adroitement, nous pouvons infléchir de façon favorable l'issue de la partie. A l'inverse, si nous jouons maladroitement, nous provoquerons une mauvaise évolution de la partie.

De la même façon, notre état humain d'aujourd'hui est le résultat des actions adroites ou maladroites que nous avons effectuées dans le passé. Mais, dans tous nos actes existe une certaine liberté qui, si elle est bien utilisée, permet toujours d'infléchir l'avenir d'une façon favorable.

Nous avons toujours la possibilité de transformer notre karma.

Il est en notre pouvoir de nous libérer ou de nous aliéner.

*Au niveau individuel on peut comprendre cette notion, mais il est difficile d'admettre que l'on subisse les conséquences de certains actes à un niveau collectif. Par exemple dans le cas de guerres, de génocides, de catastrophes naturelles...*

D'une façon générale, toute entité animée, donc capable d'agir, développe un karma, que cette entité soit un individu, une collectivité, ou n'importe quel ensemble constitué d'éléments. Il y a ainsi un karma collectif comme il y a un karma individuel. Le principe est le même qu'il s'agisse d'un individu, d'un pays ou d'un peuple. Il y a toujours des causes antérieures qui induisent des conséquences.

*Est-ce que les conséquences au niveau collectif sont aussi proportionnelles aux causes ?*

Dans toute situation de causalité, et le karma en est une, les conséquences dépendent de leurs causes. Mais cette situation causale n'est pas une justification, il ne faut pas toujours tenter de trouver une « justification » à tel ou tel événement, cette tentative est issue d'un présupposé de justice immanente, de « justice divine » caractéristique de la mentalité théiste.

Ce genre de tendances fonctionne souvent à notre insu, avec pour présupposés implicites et généralement inconscients : la loi divine, l'obéissance, la transgression, le jugement, la culpabilité, la justice et la récompense ou le châtiment. Dans la perspective non théiste du *dharma,* il n'y a pas, dans un sens anthropomorphique, de juge, de jugement ou de justice divine, le karma n'est pas une « justification ». Les conséquences de celui-ci ne sont pas le résultat d'un jugement, il s'agit simplement d'un enchaînement causal.

Attention, cette causalité du karma n'est pas non plus une vision fataliste. Le fatalisme est un autre type de justifications à caractère théiste du style : « Ça devait arriver ! », « c'était écrit ! », qui peut mener à une résignation passive incompatible avec la part de liberté inhérente au karma.

Dans la perspective du karma, si une situation difficile se présente, il convient de la traiter en utilisant dans le présent son libre arbitre, plutôt que de se référer à une justice divine, cherchant dans le passé de quoi nous pouvons avoir été coupable pour la mériter.

Quel que soit notre karma individuel ou collectif, et aussi difficile qu'il puisse être, nous avons tous la possibilité de le transformer.

Chaque individu et chaque groupe humain, chaque peuple, chaque pays, peut infléchir le cours de son existence d'une façon heureuse ou malheureuse.

*Si, comme vous l'avez dit, le karma et ses illusions nous cachent notre nature véritable, quelle est cette vraie nature ?*

C'est la nature de bouddha ! Le karma et ses illusions constituent l'ego avec ses passions et ses conditionnements. On pourrait le comparer à une bulle dont « je » suis le centre, et dont les parois, l'enveloppe, sont les projections qui constituent son monde. Habituellement, nous vivons ainsi « dans notre bulle », dans une réalité de surface, qui est celle des projections que nous plaquons sur la réalité foncière. Cette vérité d'apparence est, aujourd'hui, notre unique réalité mais ce n'est pas la seule et elle n'est pas définitive. C'est une réalité relative et superficielle. Si la bulle de l'ego se dissout, se révèle une autre réalité : profonde, fondamentale, essentielle. C'est la nature de bouddha ou l'état d'éveil. Elle est déjà présente en notre esprit et en toute chose, sous-jacente à la vérité d'apparence qui la masque. Par-delà la maladie des illusions, c'est notre état de santé fondamentale, notre vraie nature et le niveau pur de toutes choses.

Le cheminement du *dharma* est un déconditionnement, un dévoilement dans lequel, par la pratique de la méditation, on se libère de la réalité d'apparence et de ses conditionnements, pour réaliser cette réalité fondamentale.

*Comment peut-on faire l'expérience de cette véritable nature ou en avoir une idée ?*

En fait, c'est une expérience très simple qu'il nous arrive de faire à notre insu : c'est l'état de l'esprit quand nous n'y sommes pas, c'est l'esprit sans nous, sans ego ! Mais il faut la pratique de la méditation pour vraiment découvrir puis réaliser cet état.

Il pourrait être comparé à un espace lumineux, un ciel dégagé baigné de la lumière du soleil. Alors que les voiles qui sont notre lot habituel seraient comme un écran de nuages dense et épais recouvrant ce ciel et l'obscurcissant. Dans notre état habituel, la visibilité est réduite et le plafond bas. Par l'expérience profonde de la pratique de la méditation, il arrive qu'il y ait une éclaircie, une trouée dans la continuité de ce voile. Un instant de conscience ouverte apparaît alors fugitivement. Mais cette percée est fugace : l'écran nuageux se reconstitue. La pratique se développant, ces instants d'ouverture se reproduisent : les nuages s'affinent et finalement se dissipent.

La réalisation spirituelle serait le moment où tous

les voiles sont tombés, où rien ne masque plus l'espace lumineux, la luminosité vide qu'est la nature de bouddha ; c'est ce qu'on appelle la claire lumière de l'esprit ou l'expérience de l'éveil. C'est un état stable et définitif.

*Y a-t-il, dans le* dharma, *la notion de rédemption par la souffrance ? Autrement dit, une vie de souffrances peut-elle racheter quelqu'un et déboucher sur une existence meilleure par la suite ?*

La souffrance et les difficultés n'ont pas, en elles-mêmes, de valeur salvatrice. Il n'est pas nécessaire de s'imposer des supplices pour atteindre l'illumination. On a assez de problèmes et de souffrances dans la vie courante, sans s'en créer d'autres !

La souffrance est le résultat d'une maladie, spirituelle ou physique, et souffrir n'amène pas la guérison ; la guérison vient de l'application du traitement qui rétablit la santé. Le traitement approprié est la prise en charge des problèmes et la pratique adéquate qui permet de s'en délibérer. Autrement dit, ce n'est pas parce que vous aurez souffert dans cette vie que vous aurez une existence meilleure par la suite. Par contre, si l'on sait avoir une relation juste aux souffrances qui viennent naturellement, on peut dépasser le karma négatif qui les a induites. Cette relation juste passe par leur acceptation qui prélude au travail permettant de les dépasser.

*Pourriez-vous expliquer quelles sont dans la pratique du* dharma *les vertus les plus importantes ?*

C'est *bodhicitta*, l'attitude d'amour et de compassion dont nous avons parlé *(chapitre 4)*. Sur cette base de *bodhicitta*, les six « perfections », ou *pāramitā* en sanscrit, sont les six vertus essentielles de toutes les pratiques du *mahāyāna*. Elles suivent une certaine progression logique, une gradation. Il y a d'abord le don, puis la discipline, la patience, l'énergie, la méditation et la connaissance transcendante.

La pratique commence par la perfection du don. C'est un point de départ fort simple. Plutôt que de garder égoïstement, il s'agit d'accepter de donner, d'accepter de partager. C'est le premier pas dans le dépassement d'une attitude égotique. Le don demande d'abandonner, et de s'ouvrir aux autres. Donner est le point de départ de l'ouverture : l'ouverture de notre portefeuille, l'ouverture de notre petit cocon de tranquillité, de confort ; l'ouverture de nos bras dans une attitude d'accueil ; de notre bouche dans une parole bienveillante ; de notre cœur dans une attitude de compassion ; l'ouverture de notre esprit aux autres, à leurs besoins. C'est une attitude joyeuse de partage. La possessivité demande toujours de se défendre, de se protéger, on s'y sent toujours menacé et on a peur. Par contre, l'attitude de don est ouverte et chaleureuse.

Nous ne développerons pas les différentes facettes du don, mais le plus important est de considérer la pertinence de cette pratique dans chaque situation de notre vie.

La deuxième perfection est celle de la discipline. Nous avons déjà parlé de la discipline extérieure *(au début de ce chapitre et au chapitre 1)*. La discipline intérieure est plus particulièrement celle du bodhisattva. Elle consiste en la pratique de l'échange de soi pour autrui, à changer les attitudes égocentrées en « allocentrées », nous en avons aussi déjà un peu parlé *(chapitre 4)*. Le cœur de la discipline est le dépassement des attitudes égotiques. En fait, la discipline extérieure est l'application de l'esprit de la discipline intérieure à un certain nombre de points de repère pour agir de façon juste dans des situations concrètes.

Nous avons facilement des difficultés avec la discipline, il est important de rappeler son état d'esprit juste. La discipline n'est pas la soumission, l'obéissance à des règles dictées par une instance religieuse ou laïque, ce n'est ni un code divin ni un code moral, mais bien plutôt des sortes de règles de santé spirituelle dérivées des principes de la causalité du karma. L'esprit juste de la discipline peut bien se comprendre en analogie avec la médecine et la santé physique. Dans cette perspective il y a des actes à éviter car ils sont pathogènes : ils développent des empreintes et des conditionnements qui renforcent les tendances égotiques, les illusions et les souffrances qui en découlent. Et il y a des actes à cultiver car, à l'inverse, ils vont dans le sens de la santé fondamentale qu'est l'état de bouddha, l'état sain par excellence : ils permettent le dépassement des attitudes maladives de l'ego et de ses illusions douloureuses.

La discipline est ainsi ce qui nous permet d'être en bonne santé, d'être sain, sans « t »! Si l'on comprend qu'elle consiste à se faire du bien et à faire du bien aux autres, la discipline devient une action joyeuse acceptée pour ses bienfaits. Il y a en elle, comme dans le don, une dimension de joie très importante.

Ces deux premières perfections du don et de la discipline sont, au début du cheminement, les deux plus importantes : elles gouvernent surtout nos actions et notre attitude extérieure. Elles constituent la base de ce qu'on appelle le développement de bienfaits. Bienfait signifie « bien-faire », agir de façon juste et saine comme nous venons d'en parler. L'action juste est donc dirigée par ces deux premières perfections du don et de la discipline.

Les deux perfections suivantes : celles de la patience et de l'énergie, sont en quelque sorte des adjuvants à la pratique du don et de la discipline, comme elles le sont aussi pour les deux dernières perfections, de la méditation et de la connaissance transcendante.

La troisième perfection est la patience. Ce n'est pas une attitude dure dans laquelle « on supporte » en se blindant. Elle ne consiste pas à endurer, à supporter ce qui est pesant, en se durcissant pour tenir le coup. La pratique véritable de la patience fait appel à une transparence, une perméabilité, qui permettent souplesse et fluidité dans lesquelles les situations peuvent couler sans heurt.

La quatrième perfection est l'énergie. L'énergie dont il s'agit n'est pas laborieuse et pénible. C'est une attitude dynamique et enthousiaste, qui vient naturellement en comprenant la valeur et le sens de ce que l'on fait. Cette compréhension permet une dédicace sans réserve : lorsqu'on apprécie ce que l'on fait, on a plaisir à s'y consacrer totalement. On le fait avec enthousiasme, sans hésitation, même si c'est difficile. Sans énergie, on ne fait rien ; c'est vrai dans les situations sociales, ce l'est encore plus dans le *dharma*. Dans une situation professionnelle, si l'on manque d'énergie, on a des rappels : « Monsieur, vous n'avez rien fait, votre travail n'est pas terminé !... » Dans la pratique du *dharma*, on n'a pas de « boss », on est face à soi-même : si l'on n'a pas la force intérieure qu'est cette énergie, il ne se passe rien du tout, on stagne, on dort.

Les deux dernières perfections ont pour domaine la pratique intérieure. Elles constituent principalement ce qu'on appelle le « développement de la connaissance immédiate ».

La cinquième perfection est celle de la méditation, c'est le travail avec l'esprit : ses pensées et émotions, et avec nos expériences, il permet d'approcher la connaissance immédiate *(voir chapitre 3 et chapitre 8)*.

Dans la pratique de la méditation, on retrouve les autres perfections : on y donne de son temps, on suit une discipline du corps, de la parole et de l'esprit, on utilise aussi la patience : on a parfois mal aux jambes et beaucoup de distractions ! L'énergie est l'assiduité dans la pratique et son rappel, qui permettent de ne pas partir dans les distractions. La pratique de la méditation elle-même consiste à « rester tranquille », c'est un « non-agir » de l'ego dans lequel l'esprit se stabilise. Finalement, on rencontre dans cette stabilité l'expérience intérieure qui amène la connaissance transcendante.

La sixième perfection est celle de la connaissance transcendante, elle s'éveille petit à petit dans la méditation. C'est l'expérience directe, non dualiste de la réalité.

Cette expérience directe et immédiate est finalement intégrée à toutes les situations quotidiennes, il y a alors simultanéité de l'action juste et de l'expérience non dualiste, conjonction des développements de bienfaits et de connaissance immédiate. C'est alors que les différentes vertus deviennent des perfections au sens plein du mot. Le don devient un don spontané, immédiat, non intentionnel, libre de l'expérience d'un sujet, d'un objet et d'un acte; libre de l'expérience du donateur, du receveur, et du don. De même pour la discipline, la patience, l'énergie, etc.

## CHAPITRE 8

# LA PRATIQUE DE LA MÉDITATION

*Qu'est-ce que la méditation et quels sont les types de méditation pratiqués dans le bouddhisme ?*

Comme nous l'avons déjà un peu évoqué, la pratique de la méditation est l'outil du cheminement spirituel et de la transformation intérieure qu'il propose *(voir chapitre 7)*. Son domaine est ainsi très vaste, beaucoup plus que ce que l'on entend habituellement par le même terme en Occident. Lorsqu'on utilise ce mot « méditation », il y a beaucoup de malentendus. Il serait bon dans un premier temps de les évoquer, afin de cerner plus précisément le sens que nous lui donnons dans le *dharma*.

En Occident on l'utilise principalement dans le contexte de la méditation sur un texte, synonyme de réflexion profonde ; c'est une démarche de la pensée, un travail d'ordre mental et intellectuel. Ce que le *dharma* appelle méditation serait, sous certains aspects, proche de ce qu'on appelle en Occident la contemplation ; néanmoins, ce terme ne convient pas car il est perçu comme antonyme : d'actif, de pratique, réaliste, alors que la méditation développe précisément ces qualités d'action et de réalisme.

Dans le *dharma*, « méditation » a un sens très large : la méditation est l'ensemble des exercices spirituels développant une relation juste à la vie et à tout ce qui la constitue : notre mental, nos émotions, nos pensées et les événements du quotidien. C'est aussi finalement « l'outil » qui permet de dépasser le monde des concepts et d'accéder à la connaissance transcendante tel que nous en avons parlé précédemment *(voir chapitre 3)*. C'est l'aspect ultime de la méditation de la vacuité ou du *mahāmudrā (voir postface)*.

D'une façon générale, la pratique de la méditation est fondée sur l'expérience de l'instant présent, c'est une qualité d'attention et de conscience dégagée, en toutes situations.

### *Comment apprend-on à méditer ?*

C'est un apprentissage pratique qui passe par différentes étapes successives.

On commence par développer la méditation dans le contexte privilégié de la pratique assise. Celle-ci consiste à s'asseoir dans un endroit calme, et en utilisant une méthode simple, à travailler avec son esprit au niveau le plus directement accessible, c'est-à-dire d'abord avec ses pensées et ses émotions. On apprend ainsi à développer une relation juste, d'attention et de dégagement par rapport au flot continu des pensées.

Quand la pratique assise a acquis une certaine stabilité, il devient possible de l'intégrer aux situations de la vie quotidienne. C'est ce que l'on appelle la méditation en action. Dans celle-ci, on arrive progressivement à conserver l'état méditatif tout au long de la journée. L'attention et la conscience dégagée deviennent, peu à peu, de plus en plus évidentes dans toutes nos activités professionnelles ou privées.

Pour commencer cet apprentissage il suffit d'en avoir la motivation, mais la pratique suivie de la méditation nécessite un guide compétent.

*Vous avez dit qu'il y avait plusieurs types de méditation ?*

Oui, suivant les aptitudes et le degré d'avancement des pratiquants, il y a différents types de méditation. Chacune de celles-ci développe plus spécifiquement certaines des qualités nécessaires sur la voie. On commence par les pratiques de *śamatha-vipaśyanā*, de *tonglen*, puis aborde les pratiques du *vajrayāna* : dans celles-ci, se rencontrent sous le nom de « méditation » de très nombreux exercices faisant appel au corps, à la parole et à l'esprit. Il y existe pratiquement toutes les formes d'exercices spirituels authentiques utilisées dans les autres traditions. Cette richesse exceptionnelle permet d'adapter le cheminement aux capacités et aux aspirations de tous les types de pratiquants.

Néanmoins, par-delà cette diversité, toutes les pratiques de méditation ont une fonction commune : de dévoilement et de déconditionnement de l'esprit. Il ne s'agit pas de produire par une technique un nouvel état, mais plutôt d'apprendre à laisser se dissoudre l'ensemble des conditionnements qui nous masquent notre nature véritable. Toutes les approches méditatives vont dans le sens de « défaire » les voiles plutôt que de « fabriquer » un éveil. C'est un point sur lequel j'insiste, car il y a des conceptions de la méditation représentant celle-ci comme la fabrication d'un nouvel état, ce serait en fait alors un nouveau conditionnement. Ce genre d'exercices n'est plus de la méditation comme nous l'entendons, c'est de la transe, de l'hypnose, de la sophrologie, il y aurait beaucoup de noms... Le but de la méditation dans le *dharma* n'est pas de créer « quelque chose » ou un « nouvel état », mais de dévoiler ce qui est déjà là en nous : notre nature véritable, c'est-à-dire notre nature de bouddha, notre santé fondamentale.

*Par quelle méditation est-il conseillé de commencer ?*

On commence par la pratique appelée en sanscrit *śamatha-vipaśyanā*. C'est une pratique de méditation assise et silencieuse qui fait appel à l'attention et à la conscience dégagée.

Par « attention », on entend une qualité de vigilance et de lucidité.

Un malentendu courant consiste à assimiler la pratique de la méditation à la concentration. Dans certaines techniques, des exercices visent en effet à développer celle-ci, mais l'essence de la méditation est plutôt fondée sur l'attention que sur la concentration. La concentration est un état de focalisation et de tension. Si vous vous concentrez fort, vous développez un état intérieur de crispation... si vous persistez, vous finirez très probablement par attraper un bon mal de tête !

L'attention, par contre, est un état libre de tension. Notre esprit y acquiert naturellement une qualité aiguë de lucidité. L'attention va de pair avec une relaxation et une détente du corps et de l'esprit.

La méditation ne consiste pas à imposer à son esprit un sentiment de calme. Il ne faut pas envisager la méditation comme la recherche du calme. Si l'on essaie de produire ce genre d'état, cette tentative a paradoxalement l'effet inverse et devient source d'agitation supplémentaire. Certaines personnes dépensent considérablement d'énergie pour essayer de se détendre, et les efforts qu'elles font pour se relaxer finissent par les énerver énormément !

La détente vient en « laissant tomber », en lâchant prise, en restant tranquille. La méditation commence par apprendre à rester tranquille et à laisser nos pensées tranquilles. Curieusement, rester tranquille n'est pas si facile, notre esprit a toutes sortes de résistances à rester tranquille, il a d'habitude tendance à s'agiter et à partir dans toutes sortes de directions. Pour y arriver, il est nécessaire d'utiliser une méthode permettant à notre esprit de se désinvestir de ses « objets » habituels, c'est-à-dire de ses émotions et de ses pensées. Cette méthode consiste à utiliser la respiration comme support d'attention. Notre vigilance se porte sur la respiration et ainsi ne s'investit pas dans les pensées et les émotions. L'esprit peut alors rester tranquille, simplement attentif, détendu.

L'attention au souffle est alternée avec des moments de pause qui amènent la conscience dégagée, un état « non-investi » dans les objets, les pensées ou les références. C'est un état ouvert et dégagé. En pratiquant ainsi, l'agitation de l'esprit s'estompe et s'épuise, et un état de tranquillité finit par apparaître naturellement. C'est la pratique de *śamatha.*

*La respiration est importante dans la méditation. Apprendre à maîtriser son souffle ne nécessite-t-il pas cet état de concentration que vous dites inutile ?*

Il n'y a pas lieu de maîtriser son souffle ni de contrôler la respiration, on la laisse être telle qu'elle vient, naturellement. On respire normalement, sans essayer de se concentrer, de se focaliser ou de se fixer sur la respiration. Il s'agit simplement d'être attentif et présent à celle-ci. Plutôt que de prendre la respiration comme un objet de concentration, on se laisse aller dans celle-ci.

La pratique de *śamatha-vipaśyanā* n'est ni volontariste, ni interventionniste, ni dominatrice, dans le dégagement qu'elle procure, elle offre à notre esprit un espace dans lequel son agitation et sa confusion peuvent se résoudre.

Une image couramment employée pour illustrer cette pratique est celle d'un lac agité par des vagues qui le trouble. Le lac est notre esprit, les vagues sont l'agitation du mental, elles remuent la vase constituée par les pensées et les émotions. Ces remous troublent la limpidité de l'esprit et l'opacifient. La pratique de *śamatha* consiste à laisser l'esprit tranquille, sans interférer. Et ainsi, de la même façon que l'eau s'éclaircit si elle n'est plus agitée, si l'on n'interfère pas avec l'esprit, il se clarifie et devient naturellement transparent et limpide.

L'esprit peut aussi être comparé à un cheval fougueux. Si le méditant court après le cheval de son esprit pour essayer de le monter, il le fait fuir. La méditation consiste à ne pas poursuivre le cheval de l'esprit, et à lui offrir une grande prairie ouverte et dégagée dans laquelle il soit libre de courir à son gré. S'il n'est pas poursuivi sa course n'est pas entretenue, il galopera au départ, mais peu à peu sa course s'épuisera d'elle-même. Il passera progressivement du galop au trot, puis au pas, et il finira par s'arrêter.

Ainsi la pratique de la méditation est de laisser à notre esprit cet espace de non-ingérence, de non-intervention, dans lequel il arrive naturellement à la tranquillité.

*On parle dans certaines traditions de mouvements involontaires du corps qui se produiraient dans des états de méditation intense. Doit-on les classer dans les phénomènes d'autosuggestion ou sont-ils des signes spirituels ?*

Vous avez sans doute à l'esprit quelque chose de très spécifique, qui n'est pas particulièrement une pratique du *dharma*. D'une façon générale, lorsque l'on est détendu le corps et l'esprit se relâchent et restent tranquilles au repos. Dans certains cas, il peut y avoir des nœuds ou des blocages qui se délient en libérant une énergie qui était retenue, comme s'il y avait eu un bouchon dans une canalisation et que celui-ci cède. Cela peut quelquefois occasionner quelques petits frissons ou soubresauts. Ce sont les signes de dénouement de ces blocages, ce qui est une bonne chose, mais ce n'est pas important.

Par contre, des inductions inconscientes peuvent tenir une grande place dans l'apparition de nombreux phénomènes. Si dans le cheminement, des phénomènes physiques ou spirituels sont exposés comme signes de succès de la pratique, nos attentes et nos ambitions, le fait de vouloir être « comme il faut » ou de faire comme le voisin avec un esprit de compétition, encouragent à notre insu des conditionnements qui finissent par manifester les signes attendus. On peut entrer ainsi dans toutes sortes de jeux d'auto-illusion. La recherche ou même simplement l'espoir, l'attente, de signes de succès est pernicieuse, elle est fondée sur la fascination de l'ego, ses ambitions et ses manipulations.

*Est-ce que par l'intermédiaire de la méditation certains dons peuvent se manifester, notamment des dons de guérison ?*

Les pouvoirs extraordinaires, que ce soient des dons de guérison, la télépathie, la télékinésie ou quelque autre faculté supra-normale, sont fascinants pour l'ego qui aspire à devenir un « superméditant », un « superman » capable de performances époustouflantes. Il est important de s'en rendre compte et de ne jamais rechercher ni cultiver ces pouvoirs. Le faire cause des déviations très graves et de nombreux obstacles.

La méditation est, en elle-même, un moyen de guérison extraordinaire car elle permet de se débarrasser des passions et des illusions. C'est là que réside le véritable miracle de guérison !

*Il existe dans les méditations du* vajrayāna *différentes représentations de divinités, de Bouddha. Comment sont-elles utilisées ?*

Pour en parler, souvenons-nous d'abord de la progression dont nous avons déjà parlé *(au début de ce chapitre)* : du *hīnayāna* au *mahāyāna*, puis de celui-ci au *vajrayāna ;* ensuite rappelons-nous ce que nous avons dit de la nature de la divinité dans la perspective du *vajrayāna,* de l'utilité des représentations et de la relation à celles-ci *(chapitre 3)*.

Après la préparation nécessaire, on peut éventuellement faire des pratiques avec différentes divinités qui représentent des aspects de la nature de bouddha. Leur fonction fondamentale est d'être des supports de pratique pour réaliser cette nature. La variété de leurs aspects permet à chacun, en fonction de son tempérament, de ses aptitudes et de ses aspirations, d'en trouver une avec laquelle il soit profondément en harmonie. L'affinité du pratiquant avec l'aspect sur lequel il médite lui permet de s'y donner pleinement et ainsi, par son intermédiaire, de s'ouvrir à la nature de bouddha qui est l'essence de toutes les divinités. Le choix de sa « divinité d'élection » se fait à partir de l'affinité personnelle et des conseils de son guide.

*Certaines divinités sont particulièrement impressionnantes : allure courroucée, aspect terrifiant, le cou entouré de colliers de crânes, etc. Que sont-elles ?*

Ce sont aussi des aspects de la nature de bouddha, qui n'est pas nécessairement paisible et souriante : elle peut être dynamique, courroucée, dotée d'une énergie redoutable. Certaines divinités sont douces et d'autres terribles, mais la nature de tous ces aspects est la même.

Par exemple, Tchènrézi, Bouddha de l'amour et de la compassion, est dans son aspect paisible, blanc, paisible et souriant ; mais son aspect courroucé, Mahākāla, est noir, courroucé et terrifiant, entouré d'un halo de flammes et orné de crânes. C'est une expression de l'amour et de la sagesse sous un aspect très dynamique.

Les pratiques associées aux divinités courroucées ont plus particulièrement pour fonction de protéger la nature de bouddha, en coupant court aux émotions et à la confusion. Elles dissipent les tendances égotiques, passionnelles et dualistes. Elles sont des protecteurs, et à ce titre, ont besoin de la force et du caractère redoutable exprimé par leur iconographie.

Les différents attributs des divinités expriment des qualités particulières de leur énergie, elles sont expliquées dans le cadre de leurs pratiques, il n'est pas possible de les aborder ici. Mais, paisible ou courroucée il s'agit de la même compassion éveillée.

Une analogie traditionnelle compare l'amour de Tchènrézi paisible à celui d'une mère chérissant tendrement son enfant : si celui-ci est sage, elle le cajolera doucement ; par contre, s'il est turbulent et développe des attitudes négatives, le même amour de la même mère lui fera faire les gros yeux et prendre un aspect courroucé, comparable à celui de Mahākāla !

*La méditation assise amène, disiez-vous, à la méditation dans l'action. Comment peut-on, dans notre vie quotidienne, conserver l'attitude juste de la méditation ?*

Comme dans la méditation assise, la pratique dans l'action est fondée sur l'attention et la conscience dégagée. L'attention est acuité : une grande précision d'expérience, pleinement dans le présent. La conscience dégagée est non fixation : un esprit ouvert et libre. La pratique de la méditation en action est une attitude de non-fixation attentive, dans laquelle on découvre la possibilité d'une présence totale à la situation.

La véritable conscience dégagée, libre de fixations, permet d'acquérir une vue aérienne de la situation qui, combinée à la précision de l'attention, permet l'action juste.

La méditation assise est la base de la méditation dans l'action, mais la continuité, de l'une comme de l'autre, vient progressivement par le rappel : une aptitude à se souvenir régulièrement de la pratique et à revenir à celle-ci.

*Il existe aussi, je crois, des méditations pour travailler notre relation aux autres et développer l'amour et la compassion ?*

Oui, elles viennent généralement après la pratique de *śamatha-vipaśyanā* qui est la méditation au niveau du *hīnayāna*. La principale s'appelle la pratique de *tonglen*, c'est une pratique du *mahāyāna* qui opère une révolution intérieure, c'est-à-dire renverse notre tendance à l'égocentrisme.

L'attitude ordinaire de l'ego est de vouloir s'approprier tout ce qui est bon, agréable et plaisant, et de rejeter tout ce qui est désagréable et déplaisant. Nous disons « oui, oui » à tout ce qui est jugé bon, et « non, non » à tout ce qui est jugé mauvais. Nous construisons en quelque sorte un mur autour de notre territoire, au-delà duquel nous repoussons tout ce que nous ne voulons pas, alors que nous attirons chez nous tout ce que nous désirons. Nous fonctionnons avec cet instinct et, curieusement, c'est en engageant constamment des luttes et des conflits pour exclure ce que nous ne désirons pas et inclure ce que nous désirons, que nous nous créons notre propre souffrance.

La pratique de *tonglen* est fondée sur l'ouverture de cette notion de territoire et sur la dissolution de ses barrières et frontières ; elle va dans le sens du dépassement de l'attitude d'inclusion-exclusion qui essaie tout le temps d'importer tout le bon et d'exporter tout le mauvais. Dans cette pratique, on s'entraîne à faire exactement le contraire, en prenant cette tendance à contre-pied.

*Tong* veut dire : donner ou abandonner et *len :* prendre ou accepter. On apprend à donner le bon et à accepter le mauvais. C'est une attitude téméraire, d'une certaine façon c'est un défi... mais c'est possible. C'est en osant commencer qu'on découvre sa capacité à le faire. Plus on donne, plus on découvre sa richesse, et plus on accepte de prendre, plus on est transparent.

Cette pratique n'a rien à voir avec une attitude « doloriste » qui voudrait souffrir le plus possible, attribuant à cette souffrance une valeur libératrice. Ce n'est pas du tout l'esprit de la pratique. On apprend simplement à accepter l'inacceptable : au lieu de dire « non », de lutter, on laisse venir, on accepte, on intègre, jusqu'au plus profond de soi-même, sans aucune résistance. En l'absence complète de résistance, tout ce qui est accepté se dissout en notre cœur, en la vacuité : il ne reste plus rien. Puis, du plus profond de soi-même, on donne tout ce que l'on a de bon et de précieux, ce à quoi l'on tient, on abandonne sans réserve et sans se dire : « J'ai déjà tellement peu de bonnes choses, si je les donne, que va-t-il me rester ? » On réussit à dépasser cette résistance en étant touché par les personnes qui nous sont les plus chères : en donnant d'abord à ceux que nous aimons, amis et proches, puis, petit à petit, à tous, notre pratique incluant finalement même nos ennemis.

La pratique de *tonglen* est aussi associée à la respiration, aux allées et venues du souffle.

Cette pratique d'acceptation et d'abandon est l'apprentissage de la révolution intérieure qui transforme nos tendances égocentrées en attitudes allocentrées.

*Les pratiques de* śamatha-vipaśyanā *et de* tonglen *sont-elles alors complémentaires ?*

Oui, la pratique de *śamatha-vipaśyanā* développe plus particulièrement l'expérience immédiate de la réalité, la connaissance transcendante. La pratique de *tonglen* développe plus particulièrement l'amour et la compassion. Mais la compassion conduit à la connaissance transcendante, et réciproquement. La compassion se développe d'abord en référence aux autres, puis à la réalité foncière, et devient finalement libre de toute référence, non dualiste. Il y a alors simultanéité de la connaissance transcendante et de l'ultime amour libre de toute saisie égocentrée. La connaissance transcendante, de son côté, libérant du carcan de l'ego, ouvre à l'expérience de l'autre et à la véritable compassion. Leurs pratiques se rejoignent ainsi, convergeant finalement vers le même but.

Le dépassement de l'ego et de ses conditionnements est le dénominateur commun qui réunit les deux axes des pratiques du *mahāyāna :* connaissance transcendante et amour-compassion.

### *Que faire si l'on souhaite méditer ?*

Souhaiter pratiquer la méditation est une motivation excellente, mais trouver la pratique juste est délicat et subtil. C'est une discipline dans laquelle nous sommes personnellement impliqués, et ainsi exposés à « l'auto-illusion », les possibilités d'erreurs sont de ce fait très nombreuses. On ne peut vraiment en avoir une approche juste si l'on n'a pas les conseils d'un guide qualifié, c'est le seul moyen de déjouer le jeu de l'ego !

CHAPITRE 9

# MÉDITATION ET VIE QUOTIDIENNE

*Vous dites souvent que l'action ne doit pas être séparée de la méditation, comment cela est-il possible ?*

La méditation assise, comme nous l'avons expliqué *(au chapitre précédent)*, consiste d'abord à s'asseoir dans un environnement favorable pour pratiquer silencieusement et découvrir une qualité d'esprit, d'être, qui est une expérience de vigilance et d'ouverture. On ne peut pas faire l'économie de cet apprentissage. C'est une phase préliminaire pour laquelle on se met dans la situation extérieure la plus favorable possible et suit une discipline quotidienne consistant à rester au calme, sans distraction, pendant un certain laps de temps.

Ensuite, l'expérience de la méditation assise est progressivement transposée dans la vie quotidienne, c'est la méditation dans l'action. On apprend à cultiver et à entretenir les qualités découvertes dans la méditation assise dans les situations de la vie et les événements du quotidien : dans les circonstances professionnelles, familiales et autres. Ce n'est alors pas tant la situation qui est importante, que la relation que l'on entretient avec celle-ci. La méditation en action nous apprend à avoir, à chaque instant, une relation pleine et directe à la situation présente. Elle est aussi fondée sur l'attention, la conscience dégagée et le rappel qui établissent de plus en plus sa continuité en chaque événement. Travailler, faire la vaisselle, conduire sa voiture, toutes les occupations quotidiennes deviennent progressivement méditation en action, à la limite 24 heures sur 24.

*Est-ce que la méditation peut vraiment se pratiquer en étant actif dans notre monde moderne et agité ?*

Nous avons dit que la méditation commence par l'apprentissage d'une relation juste à toutes les situations rencontrées, là où nous sommes présentement : elle consiste à percevoir ces situations « telles qu'elles sont », sans illusions, c'est-à-dire sans projections, dans une vision claire et lucide, précise et dégagée. La méditation ainsi pratiquée nous harmonise avec nous-même et avec le monde.

Il est fondamental de bien comprendre que la méditation en action ne coupe pas de la réalité, bien au contraire, elle fait y plonger complètement en développant la présence totale et immédiate à l'instant présent. Donc, non seulement elle n'est pas incompatible avec l'action, mais elle est même l'état dans lequel nos capacités à agir sont optimales, dans lequel l'action est la plus juste et la plus efficace.

Pour autant qu'on en soit capable, la méditation

en action peut se pratiquer en toutes circonstances, que le monde soit paisible ou agité, et plus l'on sera capable de la pratiquer, plus l'on sera aussi capable d'agir dans le monde.

*Pratiquer la méditation dans l'agression de la société me semble extrêmement difficile. Comment est-elle conciliable avec son agitation ?*

Au départ, plus il y a d'agitation et de sollicitations autour de soi, plus il est difficile de pratiquer la méditation. C'est pourquoi la méditation assise est un préliminaire indispensable à la méditation en action.

Autrement, l'expérience de la méditation nous fait découvrir qu'il n'est pas nécessaire d'être agressif, même si l'environnement l'est. Quelqu'un qui ne fonctionne pas sur un mode agressif et passionnel, c'est-à-dire qui n'est pas pris dans des relations d'attraction, de répulsion ou d'indifférence, et qui est pleinement dans l'instant présent, comme nous venons d'en parler, est beaucoup plus apte à répondre justement à toutes les situations qui se présentent.

*Pourriez-vous préciser la relation entre la méditation et l'absence d'agression ?*

La méditation est une attitude de l'esprit dans laquelle celui-ci entretient une relation non agressive, non conflictuelle, avec ses objets, quels qu'ils soient : intérieurs ou extérieurs, agréables ou désagréables.

Mais, cette non-agressivité qu'est la méditation et qu'elle développe, n'est aucunement passivité, mollesse ou quiétisme : c'est une attitude de non-attachement et de dégagement qui permet un état de disponibilité totale. Cette disponibilité à la situation rend apte à y répondre justement : en encourageant ce qui doit être encouragé et en décourageant ce qui doit être découragé ; si la situation demande d'être cultivée, elle le sera ; si elle demande que l'on tranche, l'on tranchera.

*On dit souvent qu'il faut contrôler ses émotions. Quelle importance faut-il vraiment leur accorder et que faire avec celles-ci ?*

D'abord, une émotion n'est qu'un cas particulier de pensée investie d'une charge affective particulière. Vous pensez à une personne : c'est d'abord une simple pensée. Puis, s'il se trouve que la personne en question est votre bien-aimée ou, au contraire, votre pire ennemi, à ce moment-là cette pensée se charge affectivement d'attraction et de désir ou, à l'inverse, de répulsion et d'agressivité. Une pensée à laquelle s'associe ainsi une charge affective s'érige au niveau de ce que l'on appelle une « émotion ».

Lorsque l'on parle de faire un travail avec les pensées et les émotions, on se heurte très souvent à une mauvaise compréhension, qui consiste à considérer la pratique de la méditation comme un moyen de développer un état sans pensée, émotion ou sentiment ! La pratique juste de la méditation ne consiste pas à ne plus avoir de pensées ou d'émotions, mais à développer vis-à-vis de celles-ci une relation non conflictuelle et finalement non duelle. Cette relation juste est, comme nous l'avons déjà effleuré *(chapitre 1)*, en rapport avec le non-attachement.

Il est important d'établir une différence entre deux types d'émotions et aussi de pensées : les émotions ou pensées conflictuelles ou duelles, d'une part, et les émotions ou pensées qu'on pourrait appeler « par participation », d'autre part.

Une émotion conflictuelle, comme son nom l'indique, est un conflit associé à un état intérieur de perturbation ; une pensée duelle est, simplement, une relation dualiste, telle qu'elle existe dans la pensée discursive entre les interlocuteurs, questionneur-répondeur, du discours intérieur. Les émotions conflictuelles sont fondamentalement des émotions dualistes, tout comme la pensée discursive est aussi une pensée dualiste, au sens où de telles pensées ou émotions sont expérimentées par un moi en relation avec sa pensée ou son émotion et leurs objets.

Prenons l'exemple de la colère : elle provoque une situation d'agression extrêmement conflictuelle, dans laquelle on s'oppose à l'objet de sa colère, on lui dit « non », le refuse et s'irrite violemment contre lui. De tels conflits surviennent, sous d'autres formes, suscités par d'autres émotions telles que l'attachement, le désir, l'orgueil, la jalousie, l'avidité, etc.

Le deuxième type d'émotion que nous avons appelé « émotion par participation » n'est pas une émotion dualiste, dans la mesure où elle n'est pas fondée sur la relation ou l'opposition « moi et l'autre ».

C'est, par exemple, ce que l'on peut ressentir dans une attitude authentique d'amour et de compassion, en laquelle on s'oublie soi-même pour être pleinement avec l'autre. C'est encore l'émotion que l'on peut éprouver lors d'une expérience de participation pleine à quelque chose de très beau, que ce soit un paysage, une œuvre artistique, musicale ou autre. On s'oublie dans l'expérience, on y est complètement absorbé, comme « ravi »; cet oubli, ce ravissement, laissent la place à une énergie extrêmement profonde et intense mais non conflictuelle. C'est ce que l'on peut appeler une « émotion par participation », un moment durant lequel l'ego se desserrant, une participation plus pleine à la réalité de la situation s'instaure.

La même situation d'oubli, de disparition de l'observateur, est transposable à l'expérience d'une pensée.

Le travail avec les pensées et les émotions est au cœur de la méditation en action. Il consiste en fait à les transformer d'expériences duelles et conflictuelles en expériences par participation et, finalement immédiate. C'est un processus de transformation ou de transmutation.

*Comment cette transformation dont vous parlez peut-elle s'opérer ?*

Avant que cette transformation s'opère, il faut apprendre à cesser de lutter avec l'émotion. Plutôt que de la rejeter en lui disant « non », en la refusant, la pratique de la méditation nous apprend à lui dire « oui », à l'accepter ; mais attention, ce « oui » n'est pas un « oui » qui abonde dans le sens de l'émotion, c'est un « oui simple » qui est juste l'acceptation de sa présence, sans prendre parti. C'est une attitude d'acceptation bienveillante et neutre des pensées et des émotions.

Nous avons déjà un peu évoqué l'importance de la non-agressivité dans le travail avec l'ego *(chapitre 5)*. La méditation est l'outil de ce travail, et l'acceptation dont nous parlons un aspect de sa pratique.

Capable ainsi d'accepter ses pensées et ses émotions, on apprend à ne pas se fixer dessus. Il s'agit ni de les refuser, ni de les suivre ; ni de les chasser, ni de les encourager. La méditation nous apprend à entretenir un état de vigilance dégagée, d'observation neutre des émotions. On accepte et reconnaît leur présence, les observe simplement, sans interférer avec elles, sans les modifier. Cette observation neutre permet de les percevoir « telles qu'elles sont », d'expérimenter leur nature, pleinement et d'une façon dégagée, sans en avoir peur, sans les chasser de crainte d'être submergé, ni les suivre fasciné et emporté par celles-ci. Cette simple observation qui ne fuit ni ne suit, qui ne prend ni ne rejette, est le cœur de la méditation, on l'appelle « l'observateur abstrait ».

C'est la méditation de *śamatha-vipaśyanā* dont nous avons parlé *(au chapitre précédent)*, appliquée au travail avec les émotions. Elle nous permet de développer, petit à petit, une attitude d'absence de fixation et de lâcher-prise, qui évite le développement de l'émotion en mode conflictuel. L'énergie de l'émotion qui survient n'est ni repoussée, ni attirée : elle arrive, elle est, et elle passe, sans que nous n'interférions. Le point essentiel est l'absence d'intervention qui est en fait une absence d'acteur, une absence de nous-même. C'est ainsi qu'on apprend à ne plus être la proie de ses émotions et acquiert la liberté intérieure. On devient libre en libérant son expérience de soi-même !

Dans un premier temps, il faut trouver puis cultiver cet état de non-possession de l'émotion, d'observateur abstrait ; puis la pratique de cet état de liberté intérieure et d'absence d'ego en toutes circonstances transforme véritablement les émotions, et finalement les transmute en une intelligence fondamentale qui spontanément répond justement aux situations.

*Faut-il attendre d'avoir obtenu l'éveil pour aider les autres ou bien peut-on, dès maintenant, travailler pour le bien de tous les êtres ?*

Oui, bien sûr, dès aujourd'hui, qui que nous soyons, nous pouvons toujours aider et apporter quelque chose. Nous avons vu que la conduite d'un bodhisattva commence par le don *(chapitre 7)*, et même si notre aptitude à pratiquer celui-ci est extrêmement limitée, elle peut néanmoins se manifester de différentes façons : temps, écoute, affection, argent, nourriture...

Le seul fait d'être disponible et ouvert aux situations qui se présentent est déjà une forme de don de son attention. En acceptant les problèmes qui se posent à soi et aux autres, on perçoit beaucoup mieux que l'on peut donner. La générosité imprègne alors tout notre univers relationnel, toutes les communications que nous établissons avec les êtres et le monde qui nous entoure. Le don est la première des perfections, on se croit souvent incapable de donner car la mentalité habituelle est fondée sur la possessivité et la pauvreté. Pourtant, en le pratiquant, on découvre de plus en plus d'aptitudes à donner et cette capacité à l'abandon fait découvrir intérieurement de plus en plus de richesse et par là même de possibilités de dons.

Mais attention : d'un côté le don doit être intelligent, fait avec discernement et compassion et de l'autre côté, il ne faut pas donner ce que l'on n'a pas ou qui appartient à d'autres.

Par exemple, vouloir soigner est une intention tout à fait honorable, mais il faut d'abord être un médecin compétent pour pouvoir le faire. Celui qui déciderait de soigner sans avoir les compétences nécessaires agirait de manière dangereuse. Il faut savoir faire preuve d'humilité et éventuellement diriger une personne vers des gens plus qualifiés.

Pareillement, aider vraiment les autres demande que l'on ait déjà fait un travail avec soi-même. Autrement, aider à tout prix peut devenir l'expression d'ambitions personnelles et consister finalement à leur apporter ses propres problèmes en augmentant les leurs.

Travailler avec les êtres ne peut se faire, dans l'esprit de bodhisattva, qu'avec une motivation d'amour et de compassion d'une part, et le discernement de l'intelligence et de la sagesse d'autre part. Nous les avons déjà évoqués *(chapitre 7)*.

Nous pouvons donc aider dès maintenant, mais, lorsque notre capacité s'avère limitée, l'acquisition d'une plus grande expérience du *dharma* nous aidera à l'amplifier. Plus grande est la réalisation, plus grande est aussi la capacité à aider tous les êtres.

*Les moyens de communication sont de plus en plus sophistiqués mais, malgré cela, la solitude est un des gros problèmes de notre société ! Quel langage peut-on tenir à quelqu'un qui est seul et se plaint d'être abandonné ?*

L'écouter profondément !

Plus précisément, il y a dans la solitude contemporaine des facteurs internes et externes.

Extérieurement, la structure de notre société contient un certain nombre de facteurs économiques et culturels de solitude : d'isolement, et de déstabilisation de l'identité de groupe. Le mode de vie urbain moderne réduit les relations entre voisins immédiats, qui plus est, la cellule familiale qui jouait un rôle très important n'existe plus ou beaucoup moins. Les individus ne se sentent plus regroupés, rattachés et affiliés à un groupe ou à une société humaine cohérente. Ils ne se « retrouvent » plus et sont confrontés à une crise d'identité. Pour essayer de compenser ce manque et se trouver une identité de remplacement dans laquelle ils soient confortables, ils essaient de reconstituer de nouvelles formes de « société » s'agrégeant en toutes sortes de cellules, de clubs, ou de bandes qui sont autant de tentatives pour reconstituer de nouvelles identités collectives. Mais la multiplication des tentatives extérieures de regroupement, de distraction hors de la solitude, s'avère n'être qu'un mauvais palliatif à la solitude intérieure, le problème de fond n'est pas résolu, car il ne peut trouver une vraie solution que dans une dimension intérieure.

Intérieurement, la solitude douloureuse dont vous parlez vient d'un repli sur soi, d'un renfermement, motivé le plus souvent par quelque peur de l'autre issue d'un sentiment d'inadéquation. Cette attitude isole celui qui n'a pas le courage ou la possibilité de dépasser sa peur et elle le fait devenir de plus en plus solitaire dans les murs et les défenses qu'il construit autour de lui. Il finit par s'y retrouver seul, dans une bulle quasi hermétique, séparé et rejeté.

Le vrai dépassement de la solitude ne peut se faire que par l'ouverture intérieure de l'esprit et du cœur. Celle-ci demande une confiance en soi et en la possibilité d'être aimé, base sur laquelle il devient possible d'échanger et de partager avec autrui. Pour aider quelqu'un dans la solitude, pratiquer soi-même cette ouverture est très puissant : l'ouverture appelle l'ouverture.

La pratique du *dharma* va dans ce sens. La prise de conscience de notre potentiel sain peut être un moyen de commencer à ouvrir les frontières de notre petit territoire égotique. Puis, petit à petit, une ouverture de plus en plus réelle permet de dépasser le sentiment claustrophobe de solitude. Aider les gens qui souffrent de la solitude à le comprendre et leur donner la possibilité d'avancer dans cette direction me semble être le plus grand service qu'on puisse leur rendre.

De plus, dans la pratique du *dharma,* dès le début du cheminement, on n'est pas seul : on a des compagnons de route, d'autres personnes cheminent dans la même direction, ont la même aspiration, c'est le *samgha* ou communauté spirituelle.

Mais il n'y a pas de langage ou de formules stéréotypées, une attitude d'ouverture et d'amour, de disponibilité et d'écoute me semble au départ le plus important.

*Vous avez parlé de communauté spirituelle. Beaucoup de gens ont peur que cete vie en commun ne leur fasse perdre leur identité...*

La notion de « communauté spirituelle », de *samgha,* au sens large auquel nous l'utilisons, ne se réfère pas simplement à une collectivité qui mène une vie résidentielle. C'est une fraternité liée par un même idéal, une même recherche, ou même simplement réunie par la même nature humaine. Ainsi, tous les pratiquants du *dharma* font partie du *samgha* et, au sens le plus large, tous les hommes ayant la nature de bouddha en font aussi partie. La famille devient universelle.

La vie dans une telle communauté peut faire un peu peur à certains, comme d'ailleurs la vie dans toute société. Mais, la vie humaine est toujours sociale et collective.

La solitude, dont on vient de parler, vient en grande partie de la perte de notre dimension sociale, de l'oubli de l'interdépendance de tous les hommes qui constituent la société humaine. Cette perception de l'interdépendance humaine amène un sentiment de solidarité. On peut lui préférer, par confort égotique ou par peur, un individualisme clos mais celui-ci entraîne ensuite toutes sortes de problèmes individuels et collectifs.

Notre existence s'inscrit dans un réseau relationnel et dans la communication avec les autres. Une communauté humaine permet de trouver un mode d'entraide et de compagnonnage favorable à des buts communs, que ceux-ci soient spirituels ou autres. La vie en société demande de dépasser les attitudes territorialistes de l'ego. Pour y arriver, nous sommes obligés de nous ouvrir.

Une communauté, qu'elle soit spirituelle ou européenne, nécessite l'instauration d'une zone de libre échange, l'acceptation de l'autre dans ses différences, et le dépassement d'un certain protectionnisme individualiste. La nécessité d'abandonner notre égoïsme peut être perçue par certains comme une demande intolérable alors qu'elle est finalement une source d'enrichissement.

*Que pensez-vous de la vie en communauté : on dit souvent que c'est un refuge qui sert à se mettre à l'abri des problèmes de la société...*

Il y a, comme nous venons juste de l'évoquer, toutes sortes de communautés : politiques, professionnelles, religieuses, sportives... L'engagement dans un groupe ou une communauté, quels qu'ils soient, peut être vécu de façon juste ou maladive.

Quel que soit le groupe considéré, l'engagement juste est dans un comportement adulte et responsable au service des autres. Alors qu'un engagement pathologique est dans une recherche de protection infantile et irresponsable, une sorte de démission qui appelle une prise en charge instaurant une dépendance. On peut rencontrer ces deux types d'engagements dans toute organisation : club de bridge, association de philatélistes, société de chasse ou de pêche, ou bien sûr dans une organisation politique, religieuse ou spirituelle.

Ce qu'il est juste de critiquer, ce sont d'une part, parmi tous ces groupes, ceux qui ont un caractère sectaire, qui se protègent en se fermant sur eux-mêmes et qui encouragent la dépendance de leurs membres les coupant de l'extérieur du groupe. Et d'autre part, le comportement infantile de personnes qui cherchent à s'y faire prendre en charge.

Autrement, l'adhésion juste à un groupe, à une société, vise à la mise en commun de ressources. Dans le *dharma*, la communauté qu'est le *samgha* favorise l'apprentissage spirituel, il enseigne et fait pratiquer l'ouverture, la prise en charge des difficultés et l'acquisition de plus grandes responsabilités vis-à-vis de tous les êtres, ce qui est tout le contraire d'une attitude sectaire ou d'une démission.

*Comment une communauté peut-elle justement se protéger des gens qui développent un comportement incompatible ou parasitaire. Quelle doit être son attitude ?*

D'abord pour une communauté il s'agit d'accueillir avant de se protéger ! Autrement, une société ou une communauté fondée sur des principes sains a des lois, des règles justes et des modes de régulation équitables. Si ceux-ci sont bien appliqués, les personnes qui ont des motivations trop égoïstes seront en désaccord avec eux et un processus d'éviction, naturel ou décidé, prendra place. Une communauté doit avoir, en elle-même, une structure décisionnelle qui permette, avec discernement et compassion, de couper court à des activités incompatibles avec son fonctionnement.

Une véritable communauté spirituelle n'est pas faite pour des gens qui cherchent à fuir la société. S'intégrer dans une communauté ayant une authentique vocation spirituelle demande d'être adulte et d'avoir une forte motivation. C'est une situation qui offre des possibilités extraordinaires, mais qui en même temps est très exigeante. Une personne psychologiquement trop perturbée en est incapable. Il existe, pour ces personnes, d'autres structures, spécialisées, qui sont mieux à même de les prendre en charge. Les laisser vivre dans une communauté qui n'a pas véritablement les moyens de les aider au niveau où se situent leurs besoins perturbe la communauté et ne les aide pas. Ce n'est pas un geste compassionné.

*Il arrive souvent d'être confronté à des personnes qui se trouvent dans des situations psychologiques et/ou matérielles dramatiques. Comment peut-on les aider ? Doit-on leur parler de pratique spirituelle ?*

Par une attitude ouverte et bienveillante, il est possible d'aider les autres : l'ouverture permet d'entrer en relation avec leur besoin réel, et la bienveillance permet d'y répondre dans la pratique du don, comme nous en avons parlé.

Le don du *dharma* est un type particulier de don, c'est le plus profond, si la situation s'y prête, il peut aider au niveau essentiel, mais ne peut être pratiqué que si la personne concernée souhaite le recevoir, il ne s'agit pas de devenir un missionnaire : le prosélytisme est une forme d'agression que l'on pourrait comparer à une espèce de viol de conscience. Le danger est, quand on a trouvé quelque chose que l'on trouve bon pour soi de vouloir le transmettre à tout prix. Au nom de l'amour que nous pensons ressentir pour un autre, nous voudrions absolument qu'il partage notre façon de voir ou de faire. « Je sais ce qui est bon et je t'aime, aussi je ne peux pas ne pas te le donner, prends-le ! », nous ne lui laissons guère de choix et s'il rechignait nous serions prêts à lui faire entendre raison. C'est, à la limite, l'attitude des fanatiques qui sont prêts à tout pour faire valoir leur credo. Ils envahissent le territoire d'autrui pour faire entendre la vérité de leur ego.

Le véritable don du *dharma* est différent de l'attitude missionnaire ou prosélyte, il demande d'abord une mise entre parenthèses de son ego qui permet la disponibilité à l'autre et le respect de celui-ci. Plutôt que d'annexer chaque être humain à notre territoire, à nos façons de voir et d'être en essayant de le transformer en une réplique de nous-même, il s'agit de nous ouvrir à lui pour percevoir ses besoins réels. Nous ne pouvons répondre à sa demande véritable qu'après l'avoir profondément compris.

Le *dharma* nous apprend à développer cette réceptivité et cette disponibilité qui permettent d'aider vraiment autrui sans lui faire violence.

*Beaucoup de voies spirituelles insistent sur la nécessité d'avoir de bonnes fréquentations. Ne pensez-vous pas que cette attitude peut conduire au sectarisme et au rejet de l'autre ?*

Au début de tout apprentissage, avant que l'entraînement recherché ne soit stable, il est nécessaire d'éviter les facteurs adverses qui pourraient y nuire. Les mauvaises fréquentations en font partie au même titre que les distractions ou d'autres types d'empêchements. Bien compris et bien pratiqué dans cet esprit, c'est une sage précaution. C'est ce que fait le *dharma* lorsqu'il conseille d'éviter les « mauvais amis ». Cela signifie qu'il vaut mieux éviter les gens qui peuvent avoir sur nous une mauvaise influence, nous faisant trébucher sur la voie ou nous détournant du but vers lequel nous tendons.

Il y a suffisamment de difficultés sur la voie sans aller au-devant de celles-ci avant d'y être prêt, et il est évident qu'aux faiseurs d'obstacles il vaut mieux préférer la présence d'un maître spirituel, de personnes avancées sur la voie ou simplement d'amis du *dharma*.

Néanmoins, il ne s'agit aucunement d'une attitude fermée : ce qui est nécessaire pendant une période d'apprentissage n'est pas une finalité. Le moment venu il faut avoir le courage de s'exposer aux difficultés, c'est indispensable pour vivre l'état d'esprit du *mahāyāna* ouvert sur le monde avec compassion. C'est aussi nécessaire pour tester son entraînement et pour perfectionner celui-ci.

Comme nous l'avons déjà dit, si une pratique, quelle qu'elle soit, renforce des attitudes de repli sur soi et d'égoïsme, il est juste de la quitter. Une caractéristique des mouvements sectaires est d'éviter le contact avec les autres et de fonctionner en circuit fermé pour justement ne jamais avoir à se remettre en question.

*La vie de couple et la sexualité sont des situations dans lesquelles nous investissons une grosse partie de notre énergie. Quels conseils pratiques peut-on donner à ceux qui veulent réussir cette communion entre deux êtres ?*

La sexualité et la vie conjugale peuvent, suivant qu'elles sont bien ou mal vécues, être des aides ou des obstacles au cheminement.

La vie en couple est une situation particulièrement intense dans laquelle il y a à la fois toute la force attachée à la sexualité et toutes les possibilités de confrontation associées à la proximité intime de deux personnes. L'attirance pour une personne d'un autre sexe est tout à fait saine. Les problèmes viennent de l'attachement et des passions qui en découlent. Lorsqu'ils viennent se greffer sur la relation, ils amènent toutes sortes de complications. Aussi, les disciplines extérieure et intérieure sont-elles très importantes : respecter la première permet de rester à l'écart des situations passionnelles, et pratiquer la seconde développe la liberté intérieure dans laquelle leur emprise est dépassée. En général, la pratique de ces deux disciplines se complète, la première est le cadre dans lequel la seconde peut s'épanouir.

Il est essentiel d'avoir avec son conjoint une communication profonde, condition indispensable d'un échange et d'un partage véritables. Un véritable amour est la rencontre de deux êtres dans une communication authentique et sincère à tous les niveaux. Ce partage amène la possibilité d'une compréhension de l'autre et d'une connivence extrêmement profondes. La vie de couple peut devenir alors un véritable compagnonnage spirituel : deux personnes qui partagent une aspiration commune et qui ont cette communication élective peuvent s'entraider sur la voie.

La façon de traiter la sexualité est différente au niveau du *hīnayāna,* du *mahāyāna,* et du *vajrayāna.* Finalement, au niveau du *vajrayāna,* la relation entre homme et femme acquiert une dimension sacralisée. Chacun reconnaît en l'autre son complément, non pas uniquement au niveau sexuel mais aussi sur le plan relationnel et spirituel. Chacun reconnaît la nature saine et sacrée du conjoint. La relation sexuelle prend alors une dimension d'offrande de joie et de plaisir non égoïste.

*Qu'en est-il de la vie monastique, n'est-ce pas une forme de fuite ?*

Les vœux monastiques sont un aspect de la discipline du *hīnayāna.* Comme toute discipline elle peut être bien ou mal utilisée. Dans le cas où quelqu'un souhaite se consacrer totalement et pleinement au *dharma*, il aura un maximum de liberté pour le faire en se retirant des activités du monde et en vivant une existence monastique. C'est un choix délibéré pour avoir davantage le loisir de se consacrer à un cheminement dédié aux autres. Lorsque ce choix est bien vécu, il ne s'agit aucunement d'un refus de la société, d'une fuite, d'une peur de la sexualité ou d'une crainte d'assumer ses engagements. Il s'agit d'un renoncement à un certain type de vie et aux contraintes qui y sont associées, pour s'engager pleinement dans une existence tournée vers l'essentiel et consacrée aux autres. Néanmoins, la vie monastique ne s'adresse qu'à quelques personnes.

*Est-ce que la sexualité peut être utilisée comme une énergie dans le cadre d'une voie spirituelle ?*

Nous venons d'évoquer le caractère sacré de la relation entre homme et femme au niveau du *vajrayāna*. Ses pratiques offrent différentes possibilités d'intégrer la sexualité, et si l'on est capable de le faire réellement, elle peut devenir un facteur d'éveil. Il existe dans le *vajrayāna* une utilisation de l'énergie des passions et de la sexualité ; cependant arriver à leur maîtrise demande un contexte précis et l'obligation de se conformer scrupuleusement aux étapes prescrites dans les enseignements. Autrement, on peut facilement glisser dans les déviations d'une sexualité sauvage et débridée, qui ne serait qu'une expression incohérente de nos passions.

Dans le *dharma,* il existe différentes disciplines : depuis celle de la vie solitaire des moines jusqu'à celles des pratiques tantriques dans lesquelles l'énergie sexuelle est transmutée en sagesse et en force d'éveil. Notre discipline dépendra de notre tempérament, de notre maturité et de nos aptitudes. Les différentes approches ne sont pas incompatibles mais il faut commencer par la discipline extérieure et petit à petit, acquérir l'expérience de la méditation.

*Est-ce qu'il y a dans le* dharma, *un code de bonne conduite dans le domaine sexuel et des pratiques considérées comme anormales ?*

Oui, il y a des règles, non pas au sens de commandements moraux imposés, mais dans la perspective d'une discipline issue de la causalité du karma. Nous en avons déjà parlé *(chapitres 1 et 7).* Parmi les dix actes négatifs, les trois du corps sont : tuer, voler et avoir une mauvaise sexualité. Notons d'abord qu'il ne s'agit pas de ne pas avoir de désirs sexuels, de les réprimer ou les refouler ; mais d'éviter de suivre les mauvais. Les mauvaises pratiques sexuelles sont des comportements agressifs et destructeurs pour notre partenaire, pour nous-mêmes ou pour les autres, l'environnement. Dans la sexualité, ce qui renforce les conditionnements et les attachements est négatif. Les diverses déviations sexuelles en font partie. Elles sont mauvaises car elles sont une sorte de « sur-conditionnement » qui se surimpose aux conditionnements normaux. C'est dans ce sens qu'elles sont anormales. Plus l'on a de conditionnements, plus l'on souffre et fait souffrir, aussi ces attitudes sont-elles découragées.

*Est-ce que le bouddhisme préconise un végétarisme pur et dur ?*

Le *dharma* encourage le végétarisme en tant qu'attitude de compassion et de non-agressivité plutôt que comme règle diététique. Les bouddhistes sont souvent végétariens et encouragent la pratique du végétarisme pour éviter de tuer, ce qui est inévitable dans la perspective d'une alimentation carnée. Supprimer ou prendre la vie d'un autre être, quel qu'il soit, va à l'encontre de la compassion que préconise le *dharma*. Néanmoins, le végétarisme n'est pas une règle absolue.

*Vous dites que l'éveil, l'expérience ultime est immédiateté, mais cependant, il faut des années pour arriver à l'éveil... !*

L'éveil est la fin des illusions, la fin de la confusion de l'ego ; c'est effectivement l'expérience d'immédiateté, de non-dualité. Mais voilà, l'expérience d'immédiateté n'est pas réalisée immédiatement ! (rires.)

Pourtant, nous avons tous fait cette expérience, sans le savoir, mais sa véritable réalisation prend du temps. La simplicité ultime est quelque chose de difficile à réaliser pour des êtres aussi compliqués que nous ! Il faut, avant d'atteindre l'expérience d'ultime simplicité, résoudre notre complication, ce qui peut prendre beaucoup de temps...

CHAPITRE 10

# BOUDDHISME ET MODERNITÉ

*Quelles sont à votre avis les raisons pour lesquelles de nombreux occidentaux s'intéressent aujourd'hui au bouddhisme ?*

Il y a de nombreux facteurs qui interviennent :

Historiques d'abord : l'importance du bouddhisme a été longtemps méconnue, c'est l'une des principales traditions spirituelles de notre monde, le fond commun et l'ultime aboutissement spirituel de l'Orient. Bien qu'il fût connu en Occident depuis déjà assez longtemps par des travaux universitaires, ce n'est que très récemment, il y a environ une vingtaine d'années, que des maîtres de sa tradition ont vraiment commencé à l'enseigner comme pratique à des occidentaux. L'invasion chinoise du Tibet et la diaspora tibétaine consécutive ont beaucoup contribué à sa diffusion dans le monde. Ce n'est donc que fort récemment que le *dharma* vivant, dans la totalité de sa tradition, a été découvert par l'Occident et lui est devenu accessible.

Il y a ensuite des facteurs spirituels qui font que l'Occident est aujourd'hui un terrain réceptif. Il traverse une crise spirituelle, une crise des valeurs :

beaucoup de ses anciennes références se sont désagrégées sans que rien ne les ait véritablement remplacées, d'où un manque et un désarroi. Beaucoup d'occidentaux se sont détournés de leur tradition d'origine, mal à l'aise avec ses points de vue, et n'ayant pas trouvé dans celle-ci l'intériorité qu'ils cherchaient. Et nombre d'entre eux se sont tournés vers le *dharma* qui correspond très bien à leur recherche.

Le *dharma* a de plus un caractère transculturel. Son origine n'est pas plus orientale que celle du christianisme et n'est de toute façon pas un problème car, n'étant lié à aucun ordre social, il peut apporter sa dimension spirituelle à n'importe quelles bases socioculturelles sans interférer avec celles-ci. Sa démarche étant fondée sur l'esprit dans ce qu'il y a de plus essentiel, il n'est attaché à aucun peuple et à aucune époque.

Sa vision est universelle : il propose une approche totale de la spiritualité et de la vie, fondée sur la compréhension de l'esprit, des modalités de la pensée, de la conscience et de la connaissance ; elle débouche sur une perspective du monde, de la société, de l'homme et de la vie, fondée sur la pratique de la sagesse et de l'amour.

Son approche n'est ni dogmatique ni formaliste ; elle est fondamentalement expérimentale et propose une voie d'accès à l'ultime transcendance, fondée sur une méthode pratique de transformation de soi : la méditation.

Le *dharma* propose une voie à la fois rationnelle, expérimentale, contemplative, parfaitement adaptée à l'intensité de la vie et de l'action contemporaine. Il répond très bien au besoin d'intériorité qu'ont aujourd'hui beaucoup d'occidentaux.

Finalement, ce qu'enseigne le *dharma* est éminemment moderne et en parfait accord avec les conceptions scientifiques d'aujourd'hui.

Ces aspects : historiques, spirituels, transculturels, universels, non dogmatiques, pratiques, expérimentaux, méditatifs, contemplatifs et profondément compatibles avec les perspectives scientifiques contemporaines, sont pour beaucoup dans l'énorme intérêt que les occidentaux lui portent aujourd'hui.

*On oppose très souvent les traditions et les sciences, peut-on trouver un terrain d'entente, des convergences, entre le bouddhisme et celles-ci ?*

Non seulement il n'y a pas d'opposition entre le *dharma* et la science moderne, mais, bien au contraire, il y a de grandes affinités tant dans la méthodologie que dans les conceptions.

Pour la méthodologie : les deux ont une approche non dogmatique avec une démarche fondamentalement rationnelle et expérimentale, nous en avons déjà un peu parlé *(chapitre 5)*.

Pour ce qui est des conceptions, le *dharma* est rejoint très largement par de nombreux aspects des sciences fondamentales et humaines contemporaines. Il y a de nombreux points communs, mais ce qui est le plus important n'est pas tant que telle ou telle théorie physique ou psychologique fasse écho au *dharma* : les théories scientifiques évoluent, ce qu'elles tenaient pour vrai il y a cinquante ans a changé aujourd'hui ! Le plus important est que le *dharma* soit rejoint par les sciences modernes à un niveau essentiel, épistémologiques : dans l'évaluation du domaine de validité de leurs connaissances et des limites de leur approche représentationiste et conceptuelle.

Le *dharma* est la connaissance de l'esprit, et l'esprit n'est pas une chose mais un processus cognitif, le *dharma* est ainsi connaissance de ce qui connaît, une connaissance de la connaissance. Il expose comment, dans les modalités de la connaissance conceptuelle, se structurent tant l'expérience du monde que celle de l'individu, et comment cette connaissance conceptuelle est irrémédiablement piégée dans le domaine du relatif dualiste. Cette relativisation débouche sur une pratique qui permet d'accéder à d'autres modalités cognitives ayant un effet libérateur.

Dans cette approche, le *dharma* participe de différents domaines que nous appelons en Occident : psychologie, philosophie, épistémologie, sciences cognitives, mystique et religion, pour n'en citer que quelques-uns. Pourtant, globalement, il n'est réductible à aucune de ces catégories spécifiques.

*Comment le* dharma *est-il connecté à ces différentes sciences ?*

Le *dharma* participe de tous les domaines que nous venons d'évoquer car, en tant que connaissance de l'esprit et de la conscience, il traite de la nature même de la connaissance, du connaisseur et du connu. Sa démarche n'est pas spéculative mais opérative, elle est faite pour libérer.

Le *dharma* met en évidence que les phénomènes, connus ou connaisseur, ne sont pas des entités ayant une existence en soi. Ils sont vides d'existence propre, c'est ce que le *dharma* appelle leur vacuité. Ces phénomènes sont le produit de la fonction cognitive qui, dans son opération, saisit ce qui constitue leur propre essence, c'est-à-dire ce qu'ils sont. Dans cette opération interviennent différents éléments connexes, l'expérience de tout phénomène dépendant de l'interaction de facteurs interdépendants. Cette interdépendance peut être envisagée à différents niveaux : physique, psychologique, etc., mais elle se situe fondamentalement au niveau de la dépendance mutuelle du sujet et de l'objet, nous en avons déjà parlé un peu précédemment *(chapitre 5)*. De ce point de vue, la notion de « science objective » fondée sur la possibilité pour un sujet de connaître « objectivement », indépendamment, un objet ayant une existence autonome, s'avère être illusoire. Ce problème est essentiel pour toute science et c'est le cœur même du *dharma*.

*Peut-on dire que le* dharma *et la science ont un but commun ?*

Si tant est que la science ait un but ! A supposer que ce but soit de servir l'homme pour lui apporter le bien-être, alors, il y aurait convergence. Néanmoins, si la science et les techniques modernes, bien utilisées, peuvent indubitablement contribuer à un confort relatif, le *dharma* peut être la source du bien être ultime.

La science et ses techniques ont permis à l'homme d'acquérir des pouvoirs extraordinaires sur le monde, mais cet accroissement de notre force extérieure ne s'est pas accompagné intérieurement d'une augmentation de notre sagesse et de notre compassion, d'où le déséquilibre de notre monde moderne qui risque d'en périr. Par ailleurs, dans ses déséquilibres, notre société technologique occidentale est une grande productrice de névroses, et de crises extérieures et intérieures. Le *dharma* est un remède à ces déséquilibres, il cultive sagesse et compassion et développe l'équilibre intérieur qui est à l'origine de l'équilibre et du bonheur extérieurs.

De ce point de vue, *dharma* et sciences modernes sont non seulement parfaitement compatibles, mais profondément complémentaires. Alors que l'Occident à déjà sciences et techniques, il gagnerait beaucoup aujourd'hui à avoir plus de *dharma* !

*La vision du* dharma *peut-elle s'appliquer à tous les problèmes ?*

Dans la mesure où dans sa perspective de connaissance de la connaissance, le *dharma* traite du problème fondamental duquel tous les autres découlent, sa vision est extrêmement pertinente pour analyser et pour traiter tous les problèmes quels qu'ils soient.

Par exemple au cœur du problème de la connaissance se trouve l'ego, et tous les problèmes individuels et collectifs sont des problèmes d'egos. Les névroses et les problèmes psychologiques individuels sont ceux d'egos déséquilibrés ; les problèmes collectifs : domestiques, de couple ou de voisinage, nationaux ou sociaux, d'intérêts de classes, de groupes éthniques, de corporations, internationaux ou mondiaux, de nations, de blocs, de Nord et de Sud, etc., peuvent se ramener à des luttes d'egos individuels ou collectifs, et à la problématique de leurs antagonismes. Le propre du *dharma* est d'être une thérapie qui soigne l'ego et ses passions. Par leur pacification, il peut contribuer immensément à la santé humaine et mondiale en apportant la paix intérieure, qui est le seul moyen de trouver véritablement la paix extérieure.

*Peut-on alors être bouddhiste et scientifique ?*

Evidemment, beaucoup d'hommes de science trouvent dans le bouddhisme un contexte intellectuel et spirituel qui convient parfaitement à leur démarche. Il y a, comme nous venons de le dire, de profondes affinités. D'ailleurs, dans cet esprit, l'Institut Karma-Ling *(voir notice biographique)* organise de fréquentes rencontres avec des scientifiques. Ces colloques, qui ont un caractère transdisciplinaire, vont dans le sens d'un décloisonnement des spécialités, pour essayer de dégager les problèmes essentiels communs : ceux de la connaissance elle-même, qui constituent aussi, comme nous venons de l'évoquer, le cœur même du *dharma*.

Nous abordons des thèmes comme : « Psychologie moderne et bouddhisme », « Pratique de la psychanalyse, pratique de la méditation », « Au-delà de l'ego », « Le symbolisme »... il y en a chaque année.

*Comment le* dharma *considère-t-il les sciences occidentales de l'esprit comme la psychologie et la psychanalyse ?*

Il y a dans le *dharma*, « science de l'esprit », une forte composante psychologique : étymologiquement les termes se recouvrent et pratiquement il y a beaucoup de convergences entre ses perspectives et les découvertes de la psychologie contemporaine. Toutefois, ce serait une grave erreur que de ramener le *dharma* à une simple science humaine car sa portée est beaucoup plus vaste. La psychologie s'intéresse surtout à ce que l'on nomme dans le *dharma* l'ego, au sens d'esprit habituel, dans ses structures et ses modes de fonctionnement. Ce n'est que très récemment qu'elle a commencé à considérer l'existence d'états de conscience différents et à prendre en compte des perspectives allant au-delà de l'ego. Et cet au-delà de l'ego est précisément la spécificité et le propos essentiel du *dharma*.

*Y a-t-il des différences entre une démarche psychothérapique et la pratique du* dharma *?*

Le *dharma* part de l'esprit habituel, conditionné, pour aller vers l'esprit éveillé, déconditionné. Il propose des moyens pratiques pour passer de l'un à l'autre. Parmi ses points communs, avec les méthodes psychothérapiques, on peut mentionner que les deux se proposent d'effectuer un déconditionnement, une libération. Les deux approches visent à défaire, chez ceux qui les pratiquent, des facteurs aliénants ; néanmoins, les buts proposés par l'une et par l'autre sont fort différents. Dans le cas de la psychothérapie, c'est l'accès à la normalité habituelle, alors que dans le cas du *dharma* c'est la réalisation de l'ultime état d'éveil d'un bouddha.

La démarche thérapeutique a pour but de rétablir une personne « déséquilibrée » dans un ego « équilibré », normalement structuré, capable de relations harmonieuses avec son entourage. Le *dharma*, lui, permet de dépasser l'ego pour atteindre la nature ultime de l'esprit. Il s'adresse, comme nous l'avons dit *(chapitre 4)*, à tous ceux qui ont des « névroses normales », qui sont normalement névrosés ou « normosés », si l'on peut dire ; son but étant de les amener à ce que l'on nomme la santé fondamentale, l'état d'éveil.

En schématisant, la fonction de la psychothérapie est le passage d'un état pathologique, infra-normal, à un état d'ego normal selon les normes habituelles. Et la fonction du *dharma* est de conduire des gens « normosés » vers l'éveil, vers un état « extra-ordinaire », « au-delà » de l'ego. La fonction du second commencerait là où se termine celle du premier ; mais en fait, à leur jonction, dans le domaine flou et vaste de la normalité, ils ont une très large plage de recouvrement.

Nous avons tous nos névroses, la plupart d'entre nous peuvent les dépasser dans la pratique du *dharma*, c'est le cas normal et habituel, mais pour ceux dont les problèmes seraient particulièrement aigus, une aide extérieure peut être nécessaire pour y arriver. Un travail psychologique au sens classique peut alors, dans certains cas, permettre d'aborder par la suite un cheminement spirituel sur de meilleures bases. Dans tous les cas, la structuration de son esprit sur la base de repères sains est indispensable avant d'entamer vraiment la dimension profonde des pratiques de la méditation.

Ainsi, le *dharma* a une dimension que l'on peut dire à la fois psychothérapeutique et spirituelle. Le travail qui s'y fait avec un guide ressemble sur certains points à celui qui se ferait avec un psychologue ou un analyste. Au début d'un cheminement, le guide est à la fois un peu psychothérapeute et un peu conseiller spirituel.

*Un concept important de la psychologie occidentale est la notion de projection, on la rencontre aussi dans le* dharma, *comment l'entendez-vous ?*

Par projections, on entend les représentations par lesquelles notre mental recouvre la réalité puis découpe et structure toutes nos expériences en un certain nombre de schémas de référence. Nous nous représentons le monde à partir de nos pensées, ce sont des projections que nous plaquons sur le monde ; « projection » au sens où l'expérience faite n'est pas la réalité telle quelle, mais notre propre version de celle-ci, interprétée comme ce que nous avons projeté dessus.

En fait, pour le *dharma*, toutes nos expériences habituelles sont nos projections : notre perception du monde extérieur ou nos pensées intérieures sont des projections de notre mental, des productions de celui-ci. Nos pensées et nos émotions « intérieures », et nos perceptions « extérieures », sont fondamentalement deux aspects des projections ou des productions de notre esprit. Ces productions-projections, nous les appelons d'une façon plus générale des pensées. Il y a ainsi : de « simples pensées », des « pensées émotionnelles » et des « formes-pensées », ces dernières constituant les perceptions de l'environnement. Cette notion de « pensée » dépasse ce que l'on entend habituellement par ce mot en Occident. Dans le contexte du *dharma*, toutes les formes de production et de représentation mentale sont des pensées, des projections de l'esprit.

La vision des projections comme surimposition à la réalité est fort similaire à la conception psychologique occidentale.

Par contre, pour le *dharma*, la fonction des projections ne s'arrête pas là : le processus projectif, dans son dynamisme, est constitutif de toute la réalité relative, relationnelle : de l'objet perçu, du sujet percevant et de la nature de la relation qui les réunit. Souvenez-vous de ce que nous avions dit en parlant de la conception de l'ego *(chapitre 5)*, et des deux niveaux de réalité *(chapitres 3 et 7)*. Le processus de projection opère une « éjection » de la représentation perçue extérieurement et en même temps, une « injection » de l'observateur qui la perçoit intérieurement ; l' « éjection » extérieure et l' « injection » intérieure étant deux aspects concomitants de la même opération de projection. Ce sont les deux termes de la polarité de l'ego. Ils se « com-posent » en se posant simultanément l'un par rapport à l'autre. Ils sont le « projet » créateur de la dualité sujet-objet.

*Que pensez-vous des nouvelles thérapies psychologiques ?*

Il y en a beaucoup ! Il est donc difficile d'en parler globalement. Il y a des qualités dans de nombreuses d'entre elles. Nous avons déjà parlé un peu des techniques de régression *(chapitre 5)* et des dangers de ce que nous avons appelé les « cocktails spirituels » *(chapitre 4)*. Ce danger de mélanges syncrétistes est très évident dans beaucoup de méthodes psycho-spirituelles contemporaines. La difficulté la plus importante est la prétention spirituelle de certains de ces mouvements et courants « psy ». Au demeurant, cette ouverture pourrait sembler excellente et l'on devrait pouvoir s'en réjouir, d'autant plus d'ailleurs que beaucoup de personnes qui les pratiquent y trouvent des bienfaits. Le problème néanmoins est que certaines de ces techniques entretiennent la confusion en suggérant implicitement ou explicitement qu'elles sont une sorte de panacée. Elles font croire que leurs méthodes sont une sélection de tout ce qu'il y a de meilleur dans les différentes traditions, et elles finissent par se présenter implicitement comme substituts de voie spirituelle ; ce qui, même si elles ont de réelles qualités, est bien loin de leurs capacités. Le gros danger, comme nous l'avions dit en parlant des cocktails *(chapitre 4)*, est que si l'on adhère à leurs prétentions, on se ferme irrémédiablement à la possibilité d'un cheminement spirituel authentique, car on s'illusionne en s'y croyant déjà engagé. Le travail fait dans de telles techniques, même s'il apporte des bienfaits non négligeables, ne dépasse pas un niveau psychologique, habituel ou élargi, mais toujours situé dans les conditionnements dualistes.

*Le grand credo de notre société est que le progrès est en train de nous construire un monde meilleur, alors que dans beaucoup de traditions, on parle de notre époque comme d'une ère de confusion et de décadence. Comment peut-on expliquer cette contradiction ?*

Le développement des technologies est quelque chose de merveilleux qui a apporté beaucoup de bien-être matériel, mais il est important de se rendre compte, comme nous venons de l'évoquer, que ce n'est pas, et que ce ne sera pas la source du bonheur profond.

Il y a eu beaucoup de développements matériels et, on peut dire, une matérialisation du monde accompagnée d'un phénomène quantitatif d'augmentation et d'accélération de la consommation, des événements... la vitesse est une des caractéristiques de la modernité. Cette matérialisation a pris le pas sur les valeurs spirituelles et a provoqué un déclin des traditions anciennes.

Dans un deuxième temps, actuellement, nous constatons un nouveau phénomène : certains aspects du matérialisme s'avèrent révolus et on entre dans une nouvelle phase « postmatérialiste » qui pourrait sembler être celle d'un renouveau de spiritualité mais qui risque bien d'être une nouvelle étape dans la dégénérescence et la confusion. Le vide que le matérialisme laisse dans sa chute est comblé par des formes nouvelles de spiritualités qui n'ont rien de bien authentiques. C'est l'apparition des différents types de substituts dont nous avons évoqué certains aspects auparavant *(dans ce chapitre)*. Ce processus de dégradation a tendance à s'amplifier.

Globalement, dans ces deux étapes, il y a eu progrès matériel, mais régression spirituelle. La modernité a amené une avancée matérielle associée à un recul spirituel, c'est effectivement ce que disent différentes traditions.

*Ne sent-on pas quand même dans cette période confuse, les graines prêtes à germer d'un renouveau spirituel ?*

Hum... Il y a certainement un regain d'intérêt, et je sais que l'idée de renouveau fait partie de la mode « nouvel âge », mais de là à parler d'un véritable renouveau !

Il y a le gros problème que nous venons d'évoquer : après une période à dominante matérialiste, nous assistons effectivement à un renouveau d'intérêt pour la spiritualité. Mais, la plupart des formes sous lesquelles se manifeste cet intérêt sont plus proches d'une parodie de spiritualité que d'un renouveau authentique. Il est donc à craindre qu'avant l'apparition d'un renouveau authentique et général, nous n'assistions à une dégradation encore plus avancée. Beaucoup des mouvements actuels dits « de renouveau » entrent dans la catégorie des syncrétismes que nous avons évoqués, finalement ils contribuent à une dégénérescence plus subtile et pernicieuse que le simple matérialisme. L'émergence de ce phénomène ne permet pas d'être très optimiste.

Nous vivons une ère de désordre, il y en a eu d'autres et ce ne sera pas la dernière. Le fonctionnement de l'univers est cyclique : s'y succèdent, sur tous les plans, des périodes de croissance et de décroissance.

Pourtant notre situation n'est pas désespérée ! (rires.) Nous pouvons tirer parti de la rapidité de notre époque : si l'on sait utiliser sa vitesse tout en échappant à la confusion ambiante, la réalisation spirituelle est possible très rapidement ! On ne peut que faire le souhait que nombreux soient ceux qui en saisiront l'opportunité, concourant ainsi au maintien général et, finalement, à un renouveau authentique.

*Un concept important, pour nous occidentaux, est la notion de réalité, qui sert souvent de référence pour nier tous les phénomènes qui ne sont pas de l'ordre du visible. Pour les bouddhistes, la notion de réalité et d'illusion semble différente ?*

Nous avons dit précédemment *(au début de ce chapitre)* qu'il n'existait pas vraiment de réalité objective, la réalité que nous percevons étant celle de nos projections. Un excellent exemple pour le comprendre et pour illustrer le problème de la réalité et de l'illusion est l'analogie du rêve. L'état onirique est une situation particulière de l'esprit, à partir de laquelle on peut comprendre comment celui-ci fonctionne, comment il expérimente sa réalité et comment celle-ci est illusoire.

La nuit, lorsque nous rêvons, notre esprit produit tout un monde. L'esprit du rêveur se scinde en deux pour donner naissance à l'expérience d'un sujet-observateur et d'un monde observé. C'est la constitution de la dualité sujet-objet. Puis, ce monde onirique et ce sujet ne se reconnaissant pas comme productions de l'esprit, il y a naissance de l'illusion dualiste : le sujet et l'univers onirique sont vécus comme réels et indépendants. Le rêveur ne se rend pas compte que le monde qu'il observe est une production de son esprit. Il s'identifie au sujet onirique qu'il a produit, et voit sa création, le monde onirique, comme quelque chose de différent de lui. Le rêve est alors vécu comme une réalité, et toutes sortes d'émotions naissent entre ses deux pôles sujet-objet : joie, haine, peur, amour, colère... c'est la naissance des diverses émotions conflictuelles. L'exemple du rêve nous permet ainsi de comprendre la constitution de l'illusion.

Voyons maintenant le pouvoir libérateur de la connaissance qui transcende les illusions : supposez qu'au milieu d'un cauchemar terrifiant, un déclic se produise et que vous vous rendiez compte que vous êtes en train de rêver ! Vous étiez dans un état de détresse extrême, poursuivi par un démon qui était sur le point de vous attraper pour vous déchiqueter ! Si à cet instant, vous réalisez : « C'est une production de mon esprit ! Ce démon est ma projection, le corps onirique qu'il va dévorer est une création de mon esprit », la situation perd son côté tragique et devient même comique. Ceci nous montre que si l'on reconnaît la nature illusoire de ce que l'on prenait pour la réalité, on se libère de ses conditionnements et des souffrances qui y sont associées. Qui aurait peur que son corps onirique soit dévoré par un monstre de rêve ? L'on acquiert le sens de l'humour !

Et bien, le fonctionnement de l'esprit à l'état de veille, dans les relations qu'il entretient avec ses projections diurnes, est analogue à celui qu'il a durant le rêve. La réalisation des illusions oniriques peut amener celle des illusions diurnes et le même sens de l'humour.

*Existe-t-il des moyens pour contrôler ses rêves et appréhender cette notion de réalité illusoire ?*

Dans le yoga tantrique, certaines techniques de méditation utilisent le rêve comme support de pratique. Le yoga du rêve commence par nous apprendre à faire des rêves lucides, c'est-à-dire, lorsqu'on rêve, à être conscient que l'on est en train de rêver. Lorsque l'on arrive à faire des rêves lucides avec suffisamment de régularité, lorsque leur expérience est reproductible, commence tout un travail avec les contenus oniriques. On s'entraîne à produire certaines visions oniriques particulières, puis à les transformer et à les modifier. Ces diverses manipulations et modifications du rêve nous permettent, par une expérimentation vécue, de réaliser comment l'esprit s'illusionne.

L'intérêt de ses méthodes est de nous faire vivre la situation avec réalisme, ce qui est complètement différent d'une compréhension intellectuelle. Si au milieu d'un rêve on peut vivre l'illusion de la situation et réaliser dans son vécu comment l'esprit s'illusionne, cette réalisation a beaucoup plus de force qu'une simple compréhension théorique. On peut ensuite transposer cette compréhension à l'état de veille et elle a le pouvoir libérateur que nous venons de décrire.

En effet, comme nous venons de l'évoquer, à l'état de veille l'esprit fonctionne dans le même type de processus projectif. Le sentiment d'exister comme sujet et d'expérimenter un objet extérieur se constitue de façon similaire dans l'état de rêve et dans l'état de veille.

Nous ne vivons pas dans la réalité fondamentale, mais dans un monde qui, d'une certaine façon, est notre rêve, c'est un exemple de ce que nous avons précédemment appelé la vérité d'apparence ou d'enveloppement *(chapitre 7)*.

*Mais les pensées de l'état de veille et celles de l'état de rêve sont quand même différentes. Y a-t-il une continuité entre l'état de veille et de rêve ?*

On peut, certaines fois, observer une transition entre ces deux états. Pendant l'état de veille, la pensée est structurée et articulée suivant des mécanismes logiques précis. Dans l'endormissement, le sommeil gagnant du terrain, on a toujours des pensées, des images mentales, mais leur articulation logique habituelle se relâche peu à peu. Leur enchaînement se défait, elles acquièrent de plus en plus d'autonomie, entre elles et par rapport au sujet qui perd finalement la notion de celles-ci comme étant ses propres pensées. C'est un peu comme si les wagons de notre train de pensées se désolidarisaient et se transformaient pour arriver à constituer les éléments, perçus comme autonomes, de l'état onirique. Ils s'organisent alors suivant une logique différente qui est celle de l'état de rêve. C'est le *bardo* de l'état de rêve.

Entre l'état de rêve et l'état de veille, il y a une différence de niveaux mais pas de nature. La nature des deux états et leur constitution dépendant des projections conditionnées par les empreintes du karma emmagasiné précédemment ont de grandes similitudes.

*Comment est présentée par le* dharma *la notion de temps qui est une des mesures indispensables à l'homme pour appréhender son univers ?*

Le temps habituel est une expérience relative et relationnelle mesurée comme mouvement par rapport à certains repères. Particulièrement, l'expérience du temps est celle de l'écoulement d'événements, leur succession par rapport à l'observateur. Cet observateur existant, comme nous l'avons vu, dans un processus de conception *(chapitre 5) :* la perception du temps est une conséquence de la production conceptuelle.

La pratique de la méditation fait percevoir le caractère relatif des concepts et du temps qu'ils produisent. En arrêtant de ressasser le passé et d'anticiper le futur, on découvre l'expérience d'immédiateté de l'instant présent qui permet finalement de dépasser : passé, présent et futur, et d'accéder à une autre dimension temporelle qu'on appelle le quatrième temps, le temps de l'équanimité ou de l'éveil. C'est en fait un non-temps, une intemporalité. Passé, présent, futur apparaissent alors comme une illusion de la réalité relative ; au-delà de laquelle, il y a cet autre temps, le temps ultime, appelé aussi quelquefois l'éternel présent ou l'éternité.

*En Occident, la médecine classique soigne le corps indépendamment de l'esprit, en refusant de prendre l'homme dans sa totalité. Quelle est la philosophie de la médecine tibétaine encore peu connue chez nous ?*

La médecine tibétaine est particulièrement intéressante dans la mesure où elle considère l'homme dans sa globalité. La médecine occidentale traite surtout les symptômes alors que la médecine tibétaine tient davantage compte du terrain physiologique, psychologique et spirituel.

A la base de sa perspective est une vision de l'interdépendance du corps et de l'esprit. Cette vision est la base des yogas ayant une dimension physique. Nous sommes composés d'un corps, d'un esprit et de souffles, le mot « souffle » signifiant tout autre chose que la simple absorption physiologique d'air par les poumons. S'entendent par ce terme aussi bien le souffle au niveau respiratoire que les énergies sustentatrices des phénomènes physiologiques, mentaux et spirituels qui se manifestent en nous. Particulièrement, l'esprit est animé par les souffles. C'est une idée qui était familière à l'Antiquité gréco-latine : on parlait alors de la nature pneumatique de l'esprit, elle se retrouve jusque dans l'étymologie du mot esprit. Le *dharma* enseigne l'indissociabilité du souffle et de l'esprit.

Dans le cadre de cette interdépendance corps-souffle-esprit, des exercices corporels et respiratoires ont une répercussion spirituelle et réciproquement, des exercices spirituels comme la méditation ont un effet sur les souffles et le corps.

Pour la pathologie, la médecine tibétaine considère que les maladies sont causées, au départ, par un déséquilibre spirituel. L'esprit a trois poisons : le désir-attachement, la colère-aversion et l'opacité mentale, les autres passions dérivant de ces trois perturbations initiales. Elles correspondent à trois humeurs appelées *loung*, *pékine* et *tripa*. L'équilibre harmonieux des trois humeurs est l'état de santé. La dominante de l'un des trois poisons entraîne une prédominance de l'humeur correspondante et un déséquilibre. Ce déséquilibre humoral prédispose alors l'individu à différents types de maladies. La médecine tibétaine travaille pour rééquilibrer cette triade spirituelle et humorale, psycho-physiologique, recréant par là même un terrain sain.

Fondamentalement, la santé spirituelle amène la santé physique, et les problèmes spirituels ont pour conséquence des déséquilibres mentaux et physiologiques. C'est pour cela que la médecine tibétaine travaille à la fois avec des méthodes purement spirituelles, telles que la méditation ou le yoga, et des techniques médicales : phytothérapiques, apparentées à la médecine ayurvédique indienne, ou énergétiques, apparentées à l'acupuncture chinoise.

*Comment se pratique la médecine tibétaine ?*

Le diagnostic s'établit à partir d'un entretien avec le patient, d'un examen général et d'un examen des pouls et des urines. La prescription tibétaine, outre sa pharmacopée à base de plantes et de minéraux, peut aussi comprendre des exercices spirituels, des conseils de diététique et de comportement dans la vie quotidienne. Un traitement peut aussi, comme en acupuncture, inclure un travail sur les méridiens. La moxibustion est aussi utilisée.

La médecine tibétaine est une source d'informations et d'inspiration très riche, elle peut certainement apporter beaucoup.

Il faut cependant se méfier d'un travers important dont souffrent beaucoup de personnes à la recherche de médecines alternatives, je veux parler d'une sorte de fanatisme des médecines différentes. S'il y a énormément à apprendre de la médecine tibétaine, cela ne veut nullement dire qu'il faille bannir la médecine occidentale : celle-ci a fait ses preuves dans beaucoup de domaines. Même les grands maîtres tibétains, tout en utilisant les remèdes traditionnels, n'hésitent pas à faire appel aux médecins occidentaux.

La médecine tibétaine, globale et psychosomatique, peut tout à fait être complémentaire de la médecine occidentale qui attache souvent trop d'importance au corps et pas assez à l'aspect psychologique de la santé.

*Les enseignements du* dharma *tels que vous les avez reçus viennent de la tradition tibétaine. Quelle est la situation actuelle du Tibet ?*

Le Tibet est dans une situation extrêmement difficile : les Chinois l'ont envahi il y a maintenant une trentaine d'années, ils y ont fait toutes sortes d'exactions et de persécutions, un véritable génocide. On ne peut pas faire de prédiction, il est difficile de dire comment va évoluer la situation. Néanmoins, conformément à son approche non violente, Sa Sainteté le Dalaï-Lama a fait différentes propositions pour une solution pacifique du problème tibétain : il a proposé un « Plan en cinq points », dans lequel le Tibet deviendrait une zone neutre, tampon entre l'Inde, la Chine et l'U.R.S.S., une zone démilitarisée, qui serait aussi une sorte de réserve écologique mondiale. Il a demandé que le peuple tibétain ait droit à l'autodétermination, puisse choisir d'être chinois ou tibétain ; et si c'est d'être tibétain, que ce soit selon la formule de gouvernement qu'il souhaite, avec ou sans Dalaï-Lama. Il accepte aussi dans ce plan la possibilité de certains liens privilégiés avec la Chine, particulièrement en matière de politique étrangère, le Tibet gardant une autonomie au niveau de la politique interne et économique. C'est une formule, « Un pays, deux statuts », un peu similaire à celle envisagée pour Hong-Kong. Le plan est très sage, très intelligent, l'avenir nous dira comment il évoluera ; mais aujourd'hui, avec les changements qui ont déjà lieu en Europe de l'Est et en U.R.S.S., il est prévisible que la situation en Chine va aussi évoluer assez rapidement. D'autre part, le nouveau statut de Sa Sainteté le Dalaï-Lama après son obtention du prix Nobel de la paix lui confère une audience élargie, qui pèse plus lourd dans la scène internationale, aussi n'est-il pas utopique de penser que, d'une façon ou d'une autre, ce plan a des chances d'aboutir et que le Tibet sera de nouveau libre, cela dépend beaucoup de l'appui que l'Occident, c'est-à-dire chacun de nous, lui apportera.

# EN GUISE DE POSTFACE

*Dans ce* « doha », *ou chant spirituel, Tilopa (988-1069), le fondateur de la lignée* Kagyu *du* mahāmudrā[1] *s'adresse, au bord du Gange, à son disciple Nāropa.*

## LE MAHĀMUDRĀ DU GANGE

Hommage à la *vajra ḍākinī*[2]

***

Bien que *mahāmudrā* ne puisse se montrer,
Fortuné Nāropa, endurant et intelligent
Dans ton ascèse et ton respect du lama,
Ouvre ton cœur à ceci :

« En l'espace, personne sur rien ne repose,
De même, en *mahāmudrā*, il n'est d'appui,

1. *Mahāmudrā* désigne la réalisation de la nature ultime de l'esprit. Il caractérise aussi l'ensemble des pratiques et des méditations qui y conduisent.
2. *Vajra ḍākinī* : personnification du principe féminin exprimant la connaissance transcendante.

Restes-y, sans artifice, détendu en l'état naturel.
Relâchés, il est sûr que les liens se dénouent.

La vision s'évanouit
dans la contemplation du milieu céleste.
De même, quand l'esprit contemple l'esprit,
Les pensées s'évanouissant,
L'éveil insurpassable est obtenu.

Les brumes matinales se dissipent en la sphère céleste,
Elles ne partent ni ne restent nulle part;
De même, les pensées émanant de l'esprit,
Dans la vision qu'il a de lui-même,
comme vagues se dissipent.

La nature de l'espace,
au-delà des formes et des couleurs,
Demeure immuable, revêtue de blanc ou de noir;
De même, l'essence de l'esprit,
transcendant formes et couleurs,
Reste inchangée, vêtue de blanches vertus
ou de sombres vices.

Les ténèbres de mille *kalpa*[1]
Ne voilent la pure et brillante essence du soleil;
De même, les éons de *saṃsāra*[2]
N'obscurcissent la lumineuse essence de l'esprit.

1. *Kalpa* : cycle cosmique, période de temps très longue.
2. *Saṃsāra* : cycle des existences conditionnées.

L'espace peut être conceptualisé comme vide,
Bien qu'on ne puisse le dire « ainsi » ;
De même, notre propre esprit
peut être nommé claire lumière,
Bien qu'une telle conception
n'ait de fondement.

Ainsi, la nature de l'esprit
est à jamais semblable à l'espace,
Et il n'est aucun *dharma*[1] qui n'y soit inclus.

Le corps, immobile, repose en l'état naturel ;
La parole, sans mots dire,
fait l'expérience de sons vides,
comme l'écho ;
Le mental, sans penser, contemple
le *dharma* de la certitude de l'au-delà.

***

Le corps intangible,
comme tige de roseau ;
L'esprit, au-delà du sujet des pensées,
comme milieu d'espace ;
Détendu en l'état sans rejet ni projet :
L'esprit qui n'a point de référence est *mahāmudrā*,
Assimilé et intégré :
l'insurpassable éveil est obtenu.

1. En plus de son sens habituel, *dharma* signifie aussi ici objets de connaissance, existants.

Les tenants des tantras, de la *prajñāpāramitā*[1],
Du *vinaya*[2], des sūtras et des autres doctrines,
Ne verront la claire lumière de *mahāmudrā*
Avec leurs textes et leurs philosophies.

L'intention voile la vision de la claire lumière,
L'engagement conceptuel nuit au *samaya*[3] essentiel;
En le non-agir du mental, libre de tout dessein,
Apparitions et disparitions
sont spontanées comme des vagues,
Ne pas quitter le non-appui sans référence,
Est garder le *samaya*; être « flambeau des ténèbres » !

Libre de toute intention,
n'établissant aucune détermination,
Est la vision du *dharma* de toutes les Collections,
La pratiquer libère de la prison du *saṃsāra,*
La méditer consume toutes négativités et voiles,
C'est être le « flambeau de l'enseignement ».

Les êtres ignorants qui n'aspirent à cet état,
Voguent continûment au gré des flots du *saṃsāra,*
Compatissant pour ces fous
dans leurs tourments intarissables,

1. *Prajñāpāramitā* : Perfection de connaissance transcendante, enseignement du *mahāyāna* qui expose la doctrine de la vacuité.
2. *Vinaya* : ensemble des textes qui exposent les règles de la vie principalement monastique et de sa discipline.
3. *Samaya* : signifie littéralement « lien ou engagement sacré ». C'est le nom des engagements spécifiques au *vajrayāna.*

Celui qui aspire à les libérer
de leurs malheurs effroyables,
Se voue à un lama adroit dont l'inspiration,
pénétrant au cœur, libère l'esprit.

⁂

Oh, merveille !

Ces *dharma* du *saṃsāra* n'ont de sens,
Ils sont causes de souffrance,
Artificiels et sans substance :
Sache t'en remettre à l'authentique essence.

Souveraine est la vue
transcendant toutes fixations dualistes,
Souveraine est la méditation
en l'état de non-distraction,
Souveraine est l'action du non-agir,
Le résultat est actualisé
quand il n'est plus ni attente ni crainte.

Quand il n'est plus de repère,
la nature de l'esprit est lucidité ;
Quand il n'est plus de voie,
c'est la voie du Bouddha ;
Quand il n'est plus de sujet à méditer,
l'insurpassable éveil est obtenu.

⁂

Oh, merveille !

Comprends bien les phénomènes du *saṃsāra* :
Transitoires et irréels, comme le rêve et l'illusion.
Renonces-y, abandonnant leurs activités.

Coupe les relations passionnelles à ce qui t'entoure,
Et médite solitaire,
    dans l'isolement de la forêt des montagnes.
Demeurant en l'état de non-méditation.
Trouver l'introuvable, est trouver *mahāmudrā*.

Déracinant un arbre mirifique
    ses myriades de branches périssent,
De même, coupe la racine de l'esprit,
    le feuillage du *saṃsāra* flétrit.

Un seul flambeau dissipe les ténèbres amassées
Par l'obscurité de mille éons,
De même, en notre esprit,
    un seul instant de claire lumière
Dissipe l'ignorance et les voiles,
    pendant des *kalpa* accumulés.

***

Oh, merveille !

Le *dharma* intellectuel ne peut voir
    le sens du non-mental,
Le *dharma* de l'action ne peut réaliser
    le sens du non-agir.

Si tu souhaites trouver les sens
du non-mental et du non-agir :
Dans le dépouillement de la connaissance,
laisse s'interrompre la source de ton esprit,
Laisse se décanter l'eau trouble des pensées,
Laisse être, sans manipuler les apparences.

En l'absence de saisie et de rejet,
toute apparence est *mahāmudrā*,
La base universelle non produite,
libre de tendances et de voiles.
Demeure en son essence incréée,
sans calcul ni intention égotique.
Laisse s'y épuiser les phénomènes du mental,
les projections sujet-objets.

La vue royale et sublime, de toutes déterminations
est parfaitement libre ;
La méditation souveraine et suprême,
vaste, insondable, est dépourvue de limite ;
L'action victorieuse et glorieuse
n'a d'opinion ni de parti pris ;
Le fruit ultime est le « sans attente », ici-même.

Au début, l'activité de l'esprit
est une cascade tumultueuse,
Puis, elle coule doucement
comme les flots du Gange,
Finalement, ses eaux ressemblent
à l'enfant rencontrant la mère.

⁂

Les personnes dont l'intelligence est moins vive,
Qui ne sauraient rester en cet état,
pratiqueront avec le souffle, raffinant l'esprit,
Et, par divers regards et pratiques d'attention,
Le discriplineront jusqu'à savoir y demeurer.

Celles qui se consacreront au *karma mudrā*[1],
Feront s'élever la connaissance primordiale
de la félicité-vide,
Elles s'absorberont en l'inspiration
d'*upāya*[2] et de *prajñā*[3],
Et doucement pratiqueront : descente, rétention,
renversement, remontée,
orientation vers les centres,
Et diffusion dans tout le corps.

Si elles n'ont d'attachement,
S'élèvera la connaissance primordiale
de la félicité-vide ;
Dans une longue vie sans cheveux blancs,
elles s'épanouiront comme la lune ;
Avec un teint radieux, éclatant, et la force du lion,
Elles obtiendront vite les accomplissements ordinaires
Et s'appliqueront au suprême. »

Que cette instruction essentielle de *mahāmudrā*
Habite le cœur des fortunés !

***

1. *Karma mudrā :* Se réfère à un type de partenaire dans certaines pratiques du tantra.
2. *Upāya :* moyen habile.
3. *Prajñā :* sagesse, connaissance, intelligence.

# BIBLIOGRAPHIE

## LES DOSSIERS DU DHARMA

Chaque numéro des « dossiers » regroupe autour d'un thème central du *dharma* des enseignements de différents maîtres, des articles d'érudits occidentaux et des traductions originales.

Edités par l'Institut Karma-Ling, ils sont disponibles en librairie ou sur demande à :

*Dharma, F-73110, Arvillard (tél. 79 25 54 90)*


- N° 1 : MORTS, RENAISSANCES ET IMMORTALITÉ
- N° 2 : COMPASSION ET SAGESSE
- N° 3 : LA CONNAISSANCE TRANSCENDANTE
- N° 4 : LA MÉDITATION
- N° 5 : LE BODHISATTVA
- N° 6 : HOMMAGE À KYABDJÉ KALOU RINPOTCHÉ
- N° 7 : MAHĀMUDRĀ, L'ULTIME PRATIQUE DE L'ESPRIT
- N° 8 : DHARMA ET PENSÉE CONTEMPORAINE
- N° 9 : INTRODUCTION AU TANTRA BOUDDHIQUE
- N° 10 : LES FONDEMENTS DU BOUDDHISME
- N° 11 : L'ALCHIMIE DES ÉMOTIONS
- N° 12 : LE GUIDE SPIRITUEL
- N° 13 : PRENDRE REFUGE
- N° 14 : CHEMINEMENT SPIRITUEL DANS LA VIE QUOTIDIENNE

- N° 15 : IMAGES ET SYMBOLES TRADITIONNELS
- N° 16 : L'ENVIRONNEMENT INTÉRIEUR ET EXTÉRIEUR
- N° 17 : L'INDÉPENDANCE
- N° 18 : LE DIALOGUE BOUDDHISME-CHRISTIANISME

# INDEX

# TABLE

« *Spiritualités vivantes* »
Collection fondée par Jean Herbert
au format de poche

1. *La Bhagavad-Gitâ,* de Shrî Aurobindo.
2. *Le Guide du Yoga,* de Shrî Aurobindo.
3. *Les Yogas pratiques (Karma, Bhakti, Râja),* de Swâmi Vivekânanda.
4. *La Pratique de la méditation,* de Swâmi Sivananda Sarasvati.
5. *Lettres à l'Ashram,* de Gandhi.
6. *Sâdhanâ,* de Rabindranâth Tagore.
7. *Trois Upanishads (Isha, Kena, Mundaka),* de Shrî Aurobindo.
8. *Spiritualité hindoue,* de Jean Herbert.
9. *Essais sur le Bouddhisme Zen,* première série, de Daisetz Teitaro Suzuki.
10. — *Id.*, deuxième série.
11. — *Id.*, troisième série.
12. *Jñana-Yoga,* de Swâmi Vivekânanda.
13. *L'Enseignement de Râmakrishna,* paroles groupées et annotées par Jean Herbert.
14. *La Vie divine,* tome I, de Shrî Aurobindo.
15. — *Id.*, tome II.
16. — *Id.*, tome III.
17. — *Id.*, tome IV.
18. *Carnet de pèlerinage,* de Swâmi Ramdas.
19. *La Sagesse des Prophètes,* de Muhyi-d-dîn Ibn 'Arabî.
20. *Le Chemin des Nuages blancs,* d'Anagarika Govinda.
21. *Les Fondements de la mystique tibétaine,* d'Anagarika Govinda.
22. *De la Grèce à l'Inde,* de Shrî Aurobindo.
23. *La Mythologie hindoue, son message,* de Jean Herbert.
24. *L'Enseignement de Mâ Ananda Moyî,* traduit par Josette Herbert.
25. *La Pratique du Zen,* de Taisen Deshimaru.
26. *Bardo-Thödol. Le Livre tibétain des morts,* présenté par Lama Anagarika Govinda.
27. *Macumba. Forces noires du Brésil,* de Serge Bramly.
28. *Carlos Gastaneda. Ombres et lumières,* présenté par Daniel C. Noël.
29. *Ashrams. Grands Maîtres de l'Inde,* d'Arnaud Desjardins.
30. *L'Aube du Tantra,* de Chogyam Trungpa et H. V. Guenther.
31. *Yi King,* adapté par Sam Reifler.

32. *La Voie de la perfection, L'enseignement du maître persan Nur 'Ali Elâhi,* de BAHRÂM ELÂHI.
33. *Le Fou divin. Yogi tantrique tibétain du XVI^e siècle,* de Drukpa KUNLEY.
34. *Santana, l'enseignement de Maître Goenka en Inde,* de Dominique GODRÈCHE.
35. *Dialogues avec Lanza del Vasto,* par René DOUMERC.
36. *Techniques de méditation et pratiques d'éveil,* de Marc de SMEDT.
37. *Le Livre des secrets,* de BHAGWAN SHREE RAJNEESH.
38. *Zen et arts martiaux,* de Taisen DESHIMARU.
39. *Traité des Cinq Roues (Gorin-no-Sho),* de Miyamato MUSASHI.
40. *La Vie dans la vie. Pratique de la philosophie du sâmkhya d'après l'enseignement de Shrî Anirvân,* de Lizelle REYMOND.
41. *Satori. Dix ans d'expérience avec un Maître Zen,* de Jacques BROSSE.
42. *Discours et sermons,* de HOUEÏ-NÊNG, traduit par Lucien HOULNÉ.
43. *Tao Te King,* de LAO TSEU.
44. *Questions à un Maître Zen,* de Taisen DESHIMARU.
45. *Les Contes des arts martiaux,* recueillis par Pascal FAULIOT et présentés par Michel RANDOM.
46. *Essais sur les mystiques orientales,* de Daniel ODIER et Marc de SMEDT.
47. *Zen et vie quotidienne,* de Taisen DESHIMARU.
48. *Le Désert intérieur,* de Marie-Madeleine DAVY.
49. *La Sagesse de l'éveil,* textes présentés par Marc de SMEDT.
50. *L'Esprit guide, entretiens avec Karlfried Dürckheim,* par Frantz WOERLY.
51. *Les Appeleurs d'âmes. L'Univers chamanique des Indiens des Andes,* de Sabine HARGOUS.
52. *Le Chemin de la Lumière, la Voie de Nur Ali Elâhi,* par BAHRÂM ELÂHI.
53. *L'Art de la réalisation,* de CHANDRA SWAMI.
54. *Le Trésor du Zen,* de Maître DOGEN, traduit et commenté par Taisen DESHIMARU.
55. *Aphorismes,* de TCHOUANG TSEU, présentés par Marc de SMEDT.
56. *L'Esprit caché de la liberté,* de Tarthang TULKU.
57. *Métanoïa. Phénomènes physiques du mysticisme,* d'Aimé MICHEL.
58. *L'Enseignement de Ramana Maharshi,* traduit par A. DUPUIS, A. PERRELI et J. HERBERT.
59. *Le Bol et le Bâton,* cent vingt contes Zen racontés par Maître Taisen DESHIMARU.

60. *Traité de l'amour,* d'Ibn 'ARABÎ, introduction, traduction de l'arabe et notes de Maurice GLOTON.
61. *L'Évangile de Thomas,* traduit et commenté par Jean-Yves LELOUP.
62. *L'Enseignement du Dalaï-Lama,* de Tenzin GYATSO, traduit par G. TULKU, G. DREYFUS et A. ANSERMET.
63. *La Montagne vide, anthologie de la poésie chinoise,* traduction de Patrick CARRÉ et Zéno BIANU.
64. *Mystères de la sagesse immobile,* de Maître TAKUAN, traduction et présentation de Maryse et Masumi SHIBATA.
65. *La Sagesse du désert, aphorismes des Pères du désert,* de Thomas MERTON, traduction de Marie TADIÉ.
66. *La Pratique du yoga intégral,* de Shrî AUROBINDO, textes groupés, traduits et préfacés par Jean HERBERT.
67. *L'Autre Rive,* textes fondamentaux du Zen commentés par Maître Taisen DESHIMARU. Présentation par Evelyn de SMEDT.
68. *Méditation et santé selon les traditions et médecines chinoises,* de Gérard EDDE.
69. *Métaphysique et psychologie,* de Shrî AUROBINDO.
70. *Le Mesnevi, 150 contes soufis,* de DJĀLAL AL-DĪN RŪMĪ.
71. *Initiation et sagesse des contes de fées*, de Dennis BOYES.
72. *Initiation aux Livres des Morts égyptiens,* de Fernand SCHWARZ.
73. *Ivre de Tao. Li Po, voyageur, poète et philosophe, en Chine, au VIIIe siècle*, textes réunis et présentés par Daniel GIRAUD.
74. *Futuwah, traité de chevalerie soufie,* traduit et introduit par Faouzi SKALI.
75. *Qui suis-je? La quête sacrée,* par Jean KLEIN.
76. *L'Évangile de Jean,* traduit et commenté par Jean-Yves LELOUP.
77. *Les Secrets du Soi,* suivi par *Les Mystères du Non-Moi,* de Mohammad IQBAL.
78. *L'Arbre de Vie. Introduction à la Cabale,* de Z'ev Ben Shimon HALEVI.
79. *Le Livre des œuvres divines (Visions),* de Hildegarde de BINGEN, présenté et traduit par Bernard GORCEIX.
80. *Instructions fondamentales. Introduction au bouddhisme Vajrayana,* de Kalou RINPOTCHE.
81. *Le Prophète,* de Khalil GIBRAN.
82. *La Paix monastique,* de Thomas MERTON.
83. *Le Fou et le Créateur,* de Daniel PONS.
84. *Zen et christianisme,* d'Evelyn de SMEDT.
85. *Le Livre divin,* de Fariddudine ATTAR.
86. *Le Sable et l'Écume,* de Khalil GIBRAN.

87. *Écrits sur l'hésychasme,* de Jean-Yves Leloup.
88. *Les Fleurs de Bouddha, anthologie du bouddhisme,* de Pierre Crépon.
89. *Yoga-Sutras,* de Patanjali, traduction du sanscrit et commentaires de Françoise Mazet.
90. *Nuages fous,* d'Ikkyû, traduit du japonais et commenté par Maryse et Masumi Shibata.
91. *Écrits,* du père Henri Le Saux, choisis et présentés par Marie-Madeleine Davy.
92. *Le Jardin de roses,* de Saadi.
93. *Trois Messagers pour un seul Dieu,* de Roger Arnaldez.
94. *Paroles du Mont Athos,* de Jean-Yves Leloup.
95. *A Bible ouverte,* t. I, de Josy Eisenberg, et Armand Abecassis.
96. *Popol Vuh. Le Livre des Indiens Mayas Quichés,* traduit de l'espagnol par Valérie Faurie.
97. *L'Œil du prophète,* de Khalil Gibran.
98. *Chercheur de vérité,* d'Idries Shah, traduit par Jean Néaumet et préfacé par Doris Lessing.
99. *Le Chant de l'immédiat Satori,* de Yoka Daishi, traduit et commenté par Taisen Deshimaru.
100. *Le Yoga de l'Amour,* de Jean Herbert.
101. *Et Dieu créa Ève, A Bible ouverte,* t. II, de Josy Eisenberg et Armand Abecassis.
102. *Les Collations de Jean Cassien ou l'unité des sources,* textes choisis et présentés par Jean-Yves Leloup.
103. *Praxis et Gnosis, textes d'Évagre le Pontique,* choisis et présentés par Jean-Yves Leloup.
104. *Le Centre de l'Être,* de K. G. Dürckheim, propos recueillis par J. Castermane.
105. *Tsimtsoum, introduction à la méditation hébraïque,* de Marc-Alain Ouaknin.
106. *La Voie Soufie,* de Faousi Skali.
107. *Moi, le gardien de mon frère ? A Bible ouverte,* t. III, de Josy Eisenberg et Armand Abecassis.
108. *Sermons sur le Zen, Réflexions sur la Terre Pure,* traduits et présentés par Maryse et Masumi Shibata.
109. *Dhammapada, les Dits du Bouddha,* traduits du pali.
110. *L'Anneau de la Voie,* de Taisen Deshimaru, textes rassemblés par E. de Smedt et D. Dussaussoy.
111. *Rubâi'yât,* de Djalâl-od-Dîn Rûmî, traduit et présenté par E. de Vitray-Meyerovitch et D. Mortazavi.

112. *Vie de Moïse, de Grégoire de Nysse, ou l'être de désir,* traduit par J. DANIELOU et présenté par J.-Y. LELOUP.
113. *Homélies de Jean Chrysostome sur l'incompréhensibilité de Dieu,* traduit par R. FLACELIÈRE et présenté par J.-Y. LELOUP.
114. *Le Dharma et la vie,* de Lama Denis TEUNDROUP.
115. *La Méditation créatrice et la conscience multidimensionnelle,* par Lama ANAGARIKA GOVINDA, traduit par Jean HERBERT.
116. *Le Puits d'eaux vives, entretiens sur les Cinq Rouleaux de la Bible,* de Claude VIGÉE et Victor MALKA.
117. *Œuvres,* de saint FRANÇOIS D'ASSISE, traduit et présenté par A. MASSERON.
118. *La Méditation bouddhique,* de Jean-Pierre SCHNETZLER.
119. *Zen et samouraï,* de SUZUKI SHÔSAN, traduit et présenté par Maryse et Masumi SHIBATA.
120. *Le Taoïsme vivant,* de J. BLOFELD, traduit par Jean HERBERT.
121. *Commentaire sur le Mystère de la Fleur d'Or,* de C. G. JUNG.
122. *Prière de Jésus, prière du cœur,* d'Alphonse et Rachel GOETTMANN.
123. *Moine zen en Occident,* de Roland RECH.
124. *Le Pèlerin chérubinique,* d'Angelus SILESIUS, traduit et présenté par Camille JORDENS.
125. *L'Expérience de la transcendance,* de K. G. DÜRCKHEIM, traduit par M. P. SCHLEMBACH.
126. *Les Gnostiques,* de Jacques LACARRIÈRE.
127. *Réflexions sur la Bhagavad-Gîtâ,* de Jean HERBERT.
128. *L'Enracinement et l'Ouverture,* de Jean-Yves LELOUP.
129. *L'Idée maçonnique, essai sur une philosophie de la franc-maçonnerie,* d'Henri TORT-NOUGUÈS.
130. *Rire avec Dieu. Aphorismes et contes soufis,* de S. B. MAJROUH, texte français de Serge SAUTREAU.
131. *La Vision profonde, de la Pleine Conscience à la contemplation intérieure,* de THICH NHAT HANH, traduit par P. KERFORNE.
132. *Anthologie du soufisme,* d'E. de VITRAY-MEYEROVITCH.
133. *Expérience chrétienne et mystique hindoue,* de Bede GRIFFITHS, préface de M. M. DAVY, traduit par C. H. de BRANTES.
134. *Méditation taoïste,* d'Isabelle ROBINET.
135. *Dzogchen et Tantra, la Voie de la Lumière du bouddhisme tibétain,* de Norbu RINPOCHE.
136. *L'Homme et sa double origine*, de Karlfried Graf DÜRCKHEIM, traduit par C. de BOSE.
137. *Le Langage des oiseaux,* de Farîd-ud-Dîn 'ATTAR, traduit du persan par G. de TASSY.

138. *Merveilles et processions,* de Khalil GIBRAN, traduit par J.-P. DAHDAH.
139. *La Respiration essentielle,* de THICH NHAT HANH, traduit par P. KERFORNE.
140. *Le Yoga et saint Jean de la Croix,* de Swâmi SIDDHESWARANANDA.
141. *Traces de lumières, paroles initiatiques soufies,* de F. SKALI.
142. *Aux sources de la joie,* de Mâ Ananda Moyi, traduction et préface de Jean HERBERT.
143. *Temps et prières - Prières et invocations. Extraits de l'Ihyâ' 'ulum al-Dîn*, de Al-Ghazâlî, traduit de l'arabe, présenté et annoté par Pierre Cuperly.
144. *L'Enfant de pierre et autres contes bouddhistes,* de TNICH NHAT HANH.
145. *Le livre du dedans*, de RÛMI.
146. *Trois mystiques grecs, Orphée, pythagore, Empédocle,* de S. JACQUEMARD.
147. *Le Miroir des âmes simples et anéanties*, de M. PORETE.

*La composition de ce livre*
*a été réalisée par l'**Imprimerie Bussière,***
*l'impression et le brochage ont été effectués*
*sur presse Cameron*
*par **Bussière Camedan Imprimeries***
*à Saint-Amand-Montrond (Cher),*
*pour le compte des Éditions Albin Michel.*

*Achevé d'imprimer en janvier 1997.*
*N° d'édition : 16374. N° d'impression : 1/245.*
*Dépôt légal : janvier 1997.*